中國古典四大名劇

牡丹亭

中州古籍出版社

中國古典四大名劇

牡丹亭

中州古籍出版社

牡丹亭

前言

中國古典四大名劇（一）

在我國絢麗多姿的藝術百花園中，戲曲是一門影響廣泛、極具民族特色的藝術形式。我國的古代戲曲源遠流長，與古希臘悲喜劇、印度梵劇並稱為世界三大古劇。從北宋中葉正式形成，先後經歷了宋元南戲、元代雜劇、明清傳奇、清代中後期花部等發展階段。在這數百年的發展進程中，出現了一大批戲曲名著，其中，尤以王實甫的《西廂記》、湯顯祖的《牡丹亭》、洪昇的《長生殿》和孔尚任的《桃花扇》四劇熠熠奪目，體現了中國古典戲曲藝術的最高成就，被譽為「中國古典四大名劇」。

這四部經典之所以能在傑作如林的戲曲史上超群絕倫，是由於其藝術成就遠遠超越同時代的同類作品。首先是它們所表現的內容具有鮮明的時代性。元代的雜劇《西廂記》歌頌了以愛情為基礎的結合，提出了「願普天下有情的都成了眷屬」的理想，反映了封建社會中青年男女要求婚姻自主、衝破封建禮教束縛的人文主義思想。明末的傳奇劇《牡丹亭》則進一步把男女愛情同個性解放聯繫起來，一方面深刻揭露了封建禮教對人們思想的束縛，一方面描寫了杜麗娘為爭取理想愛情所作的不屈鬥爭，反映了新興市民階層的要求，具有進步的民主思想。清初距離明朝覆亡，歷史劇《長生殿》和《桃花扇》則更具有鮮明的時代特色。《長生殿》通過李隆基與楊玉環的「釵盒情緣」，總結了封建王朝的興衰原因，以「垂戒來世」。《桃花扇》「借離合之情，抒興亡之感」，以李香君與侯方域的悲歡離合為線索，展現了南明王朝的衰亡歷程，寄寓了深沉的反思。這些愛情戲「無境不襲，無語不因」，或以情節跌宕起伏、錯綜複雜的戲劇衝突強調「情」的自主；或以曲折多變的生活面貌展現政治的演變，反映封建王朝的興衰。這在當時千篇一律的言情相思戲劇作中具有突出的獨創性，令人驚奇，引人入勝。

四部經典劇作深受廣大觀眾和讀者的喜愛，還在於它對人物形象的成功塑造。通過個性化的語言、細節描寫、心理刻畫、相互視覺等多種手法，使劇中的人物形象無論是主要人物，都個性鮮明，栩栩如生，讓人印象深刻、回味無窮。在語言風格上，四劇皆具有濃厚的抒情色彩，寓情於景，情景交融，使主人公的悲喜真實可感。文辭清麗雅緻，優美蘊藉，富有傳統詩詞的意境之美，又通俗易懂。

本書收錄的中國古典四大名劇：《西廂記》《牡丹亭》《桃花扇》《長生殿》，採用宣紙線裝，古樸典雅，為讀者更好地領略我國古典戲劇的精華提供更佳範本。其中《西廂記》以暖紅室所刻《淩濛初鑒定西廂記》為底本，並參考王季思校注本；《牡丹亭》以明懷德堂《重鐫繡像牡丹亭還魂記》為底本，並參考徐朔方校注本；《長生殿》以稗畦草堂本為底本，並參考徐朔方校注本；《桃花扇》以蘭雪堂本為底本，並參考王季思、蘇寰中校注本。因時間倉促，不妥之處還請讀者批評指正。

編者

二〇一五年三月

中国古典四大名剧

一

前言

牡丹亭

《西厢记》《牡丹亭》《长生殿》《桃花扇》

二〇一五年三月

目錄

第一齣　標目　一
第二齣　言懷　一
第三齣　訓女　一
第四齣　腐嘆　二
第五齣　延師　二
第六齣　悵眺　三
第七齣　閨塾　三
第八齣　勸農　四
第九齣　肅苑　五
第十齣　驚夢　六
第十一齣　尋夢　七
第十二齣　慈戒　八
第十三齣　訣謁　九
第十四齣　寫真　一〇
第十五齣　虜諜　一一
第十六齣　詰病　一二
第十七齣　道覡　一三
第十八齣　診祟　一四
第十九齣　牝賊　一五
第二十齣　鬧殤　一五
第二十一齣　謁遇　一七
第二十二齣　旅寄　一八
第二十三齣　冥判　一八
第二十四齣　拾畫　二〇
第二十五齣　憶女　二一
第二十六齣　玩真　二二
第二十七齣　魂遊　二三
第二十八齣　幽媾　二三
第二十九齣　旁疑　二四
第三十齣　歡撓　二五
第三十一齣　繕備　二六
第三十二齣　冥誓　二六
第三十三齣　秘議　二八
第三十四齣　詗藥　二九
第三十五齣　回生　二九
第三十六齣　婚走　三〇
第三十七齣　駭變　三一
第三十八齣　淮警　三二
第三十九齣　如杭　三三
第四十齣　僕偵　三三
第四十一齣　耽試　三四
第四十二齣　移鎮　三五
第四十三齣　禦淮　三五
第四十四齣　急難　三六
第四十五齣　寇間　三七
第四十六齣　折寇　三八
第四十七齣　圍釋　三八
第四十八齣　遇母　四〇
第四十九齣　淮泊　四一
第五十齣　鬧宴　四二
第五十一齣　榜下　四三
第五十二齣　索元　四四
第五十三齣　硬拷　四五
第五十四齣　聞喜　四六
第五十五齣　圓駕　四七

牡丹亭

目錄

中國古典四大名劇

水浒传

目录

中国古典四大名著

一

回目 ……………………… [列出各回回目，couplet 标题因印刷漫漶不可辨认]

第一回 …… [illegible]
第二回 …… [illegible]
第三回 …… [illegible]
第四回 …… [illegible]
第五回 …… [illegible]
第六回 …… [illegible]
第七回 …… [illegible]
第八回 …… [illegible]
第九回 …… [illegible]
第十回 …… [illegible]
第十一回 …… [illegible]
第十二回 …… [illegible]
第十三回 …… [illegible]
第十四回 …… [illegible]
第十五回 …… [illegible]
第十六回 …… [illegible]
第十七回 …… [illegible]
第十八回 …… [illegible]
第十九回 …… [illegible]
第二十回 …… [illegible]
[以下各回目及页码漫漶不可辨认]

牡丹亭

第一齣　第二齣

一

中國古典四大名劇

第一齣　標目

【蝶戀花】〔末上〕忙處拋人間處住。百計思量，沒箇為歡處。白日消磨腸斷句，世間只有情難訴。玉茗堂前朝復暮，紅燭迎人，俊得江山助。但是相思莫相負，牡丹亭上三生路。

〔漢宮春〕杜寶黃堂，生麗娘小姐，愛踏春陽。感夢書生折柳，竟為情傷。寫真留記，葬梅花道院淒涼。三年上，有夢梅柳子，於此赴高唐。果爾回生定配。赴臨安取試，寇起淮揚。正把杜公圍困，小姐驚惶。教柳郎行探，反遭疑激惱平章。風流況，施行正苦，報中狀元郎。

杜麗娘夢寫丹青記。陳教授說下梨花鎗。柳秀才偷載回生女。杜平章刁打狀元郎。

第二齣　言懷

【真珠簾】〔生上〕河東舊族、柳氏名門最。論星宿，連張帶鬼。幾葉到寒儒，受雨打風吹。謾說書中能富貴，顏如玉、和黃金那裏？貧薄把人灰，且養就這浩然之氣。

【鷓鴣天】「刮盡鯨鰲背上霜，寒儒偏喜住炎方。憑依造化三分福，紹接詩書一脈香。」「能鑿壁，會懸梁。偷天妙手繡文章。必須砍得蟾宮桂，始信人間玉斧長。」

【嘆介】小生姓柳，名夢梅，表字春卿。原系唐朝柳州司馬柳宗元之後，留家嶺南。父親朝散之職，母親縣君之封。所恨俺自小孤單，生事微渺。喜的是今日成人長大，二十過頭，賴有祖柳州公，帶下郭橐駝，柳州衙舍，栽接花果。橐駝遺下一箇駝孫，也跟隨俺廣州種樹，相依過活。雖然如此，不是男兒結果之場。每日情思昏昏，忽然半月之前，做下一夢。夢到一園，梅花樹下，立著箇美人，不長不短，如送如迎。說道：「柳生，柳生，遇俺方有姻緣之分，發跡之期。」因此改名夢梅，春卿為字。正是：

「夢短夢長俱是夢，年來年去是何年！」

【九迴腸】【解三酲】雖則俺改名換字，俏魂兒未卜先知？定佳期盼煞蟾宮桂，柳夢梅不賣查梨。還則怕嫦娥妒色花顏氣，等的俺梅子酸心柳皺眉，渾如醉。【三學士】無螢鑿遍了鄰家壁，甚東牆不許人窺！有一日春光暗度黃金柳，雪意衝開了白玉梅。【急三鎗】那時節走馬在章臺內，絲兒翠、籠定箇百花魁。雖然這般說，有箇朋友韓子才，是韓昌黎之後，寄居趙佗王臺。他雖是香火秀才，卻有些談吐，不免隨喜一會。

門前梅柳爛春暉，　張窈窕　夢見君王覺後疑。　王昌齡
心似百花開未得，　曹松　託身須上萬年枝。　韓偓

牡丹亭

第一本　第一齣

一

中國古典四大名著

第三齣　訓女

【滿庭芳】（外扮杜太守上）西蜀名儒，南安太守，幾番廊廟江湖。紫袍金帶，功業未全無。華髮不堪回首。意抽簪萬里橋西，還只怕君恩未許，五馬欲踟躕。「一生名宦守南安，莫作尋常太守看。到來只飲官中水，歸去惟看屋外山。」自家南安太守杜寶是也。表字子充，乃唐朝杜子美之後。流落巴蜀，年過五旬。想廿歲登科，三年出守，清名惠政，播在人間。內有夫人甄氏，乃魏朝甄皇后嫡派。此家峨眉山，見世出賢德。夫人單生小女，才貌端妍，喚名麗娘，未議婚配。看起自來淑女，無不知書。今日政有餘閒，不免請出夫人，商議此事。正是：「中郎學富單傳女，伯道官貧更少兒。」

【遶池遊】（老旦上）甄妃洛浦，嫡派來西蜀，封大郡南安杜母。（見介）（外）「老拜名邦無甚德，」（老旦）「妾沾封誥有何功！」（外）孩兒，後面捧著酒肴，隨我來者。

【前腔】（貼持酒臺，隨旦上）嬌鶯欲語，眼見春如許。寸草心，怎報的春光一二！（見介）（老旦）孩兒來了。（外）春來閨閣閒多少？（老旦）也長向花陰課女工。（外）女工一事，想女兒精巧過人。看來古今賢淑，多曉詩書。他日嫁一書生，不枉了談吐相稱。你意下如何？（老旦）但憑尊意。（旦跪介）今日春光明媚，爹娘寬坐後堂，女孩兒敢進三爵之觴，少效千春之祝。（外笑介）生受你。（老旦）孩兒，是何主意？

【玉山頹】（旦進酒介）爹娘萬福，女孩兒無限歡娛。坐黃堂百歲春光，進美酒一家天祿。祝萱花椿樹，雖則是子生遲暮，守得見這蟠桃熟。（合）且提壺，花間竹下長引著鳳凰雛。

【前腔】吾家杜甫，爲飄零老妻孥。（淚介）夫人，我比子美公更可憐也。他還有念老夫詩句男兒，俺則有學母氏畫眉嬌女。（老旦）相公休焦，儷然招得好女婿，與兒子一般。（外笑介）可一般呢！（老旦）做門楣古語，爲甚的這叮叮絮絮，纏到中年路。（合）

【玉胞肚】宦囊清苦，也不曾詩書誤儒。你好些時做客爲兒，有一日把家當戶。是爲爹的疏散不兒拘，道的箇爲娘是女模。

【前腔】（老旦）眼前兒女，俺爲娘心蘇體倦。嬌養他掌上明珠，出落的人中美玉。兒啊，爹三分說話你自心模，難道八字梳頭做目呼。

【前腔】（旦）黃堂父母，倚嬌癡慣習如愚。剛打的鞦韆畫圖，閒榻著鴛鴦繡譜。從今後茶餘飯飽破工夫，玉鏡臺前插架書。（老

【前腔】雖然如此，要箇女先生講解纏好。（外）不能勾。（旦）爹爹有何分付？（外）適問春香，你白日眠睡，是何道理？假如刺繡餘閒，有架上圖書，可以寓目。他日到人家，知書知禮，父母光輝。這都是你娘親失教也。（外）俺問你小姐終日繡房，有何生活？（貼）繡房中則是繡。（外）繡的許多？（貼）繡了打線。（旦）繡了打線，把臺盞收去。（外）女孩兒，把臺盞收去。（旦下介）（外）叫春香。（貼）睡眠。（外）好哩，好哩。（合）女孩兒，把臺盞收去。

【前腔】後堂公所，請先生則是賓門腐儒。（老旦）女兒呵，怎念遍的孔子詩書，但略識周公禮數。（合）不枉了銀娘玉姐只做箇紡磚兒，謝女班姬女校書。（外）請先生不難，則要好生管待。

【尾聲】說與你夫人愛女休禽犢，館明師茶飯須清楚。你看俺治國齊家、也則是數卷書。

往年何事乞西賓？　柳宗元
主領春風只在君。　王建
伯道暮年無嗣子，　苗發
女中誰是衛夫人？　劉禹錫

第四齣　腐嘆

【雙勸酒】（末扮老儒上）燈窗苦吟，寒酸撒吞。科場苦禁，蹉跎直恁！可憐辜負看書心。吼兒病年來迸侵。村童俸薄減廚煙。爭知天上無人住，吊下春愁鶴髮仙。「咳嗽病多疏酒盞，自家南安府儒學生員陳最良，表字伯粹。祖父行醫。小子自幼習儒。十二歲進學，超增補廩。觀場一十五次。不幸前任宗師，考居劣等停廩。兼且兩年失館，衣食單薄。這些後生都順口叫我『陳絕糧』。因我醫、卜、地理，所事皆知，又改我表字伯粹做『百雜碎』。明年是第六箇旬頭，也不想甚的了。有箇祖父藥店，依然開張在此。『儒變醫，菜變蟲』，這都不在話下。昨日聽見本府杜太守，有箇小姐，要請先生。好些奔競的鑽去。他可爲甚的？鄉邦好說話，一也；通關節，二也；撞太歲，三也；穿他門子管家，改竄文卷，四也；別處吹噓進身，五也；下頭官兒怕他，六也；家裏騙人，七也；爲此七事，沒了頭要去。他們都不知官衙可是好踏的！況且女學生一發難教，輕不得，重不得。倘然間體面有些不臻，啼不得，笑不得。似我老人家罷了。正是有書遮老眼，不妨無藥散閒愁。」（丑扮府學門子上）「天下秀才窮到底，學中門子老成精。」（見介）陳齋長報喜。（末）何喜？（丑）杜太爺要請箇先生教小姐，掌教老爺開了十數名去都不中，說要老成的。我去掌教老爺處稟上了你，太爺有請帖在此。（末）「人之患在好爲人師」。（丑）人之飯，有得你喫哩。（末）這等便行。（行介）

【洞仙歌】（末）咱頭巾破了修，靴頭綻了兜。（丑）你坐老齋頭，衫襟沒了後頭。（合）硯水漱淨口，去承官飯溲，剔牙杖敢黃虀臭。

【前腔】（丑）咱門兒尋事頭，你齋長干罷休？（末）要我謝酬，知那裏留不留？（合）不論端陽九，但逢出府遊，則捻著

牡丹亭

第四折

第三場

二

中國古典四大名劇

〔丑〕望見府門了。

〔丑〕世間榮樂本逡巡，李商隱　〔末〕誰睬髭鬚白似銀？曹唐　〔丑〕風流太守容閒坐，朱慶餘　〔合〕便有無邊求福人。韓愈

第五齣　延師

【浣沙溪】〔外引貼扮門子，丑扮皂隸上〕山色好，訟庭稀。朝看飛鳥暮飛回。印牀花落簾垂地。雖然政多陰德，尚少階前玉樹蘭。我杜寶出守此間，只有夫人一女。尋箇老儒教訓他。昨日府學開送一名廩生陳最良，年可六旬，從來飽學。一來可以教授小女，二來可以陪伴老夫。今日放了衙參，分付安排禮酒，叫門子伺候。〔衆應介〕

〔末儒巾藍衫上〕須抖擻，要夸奇。衣冠欠整老而衰。養浩然分庭還抗禮。

〔唱門介〕南安府學生員進。〔末跪，起，揖又跪介〕生員陳最良參。

【鎖南枝】將耳順，望古稀，儒冠誤人霜鬢絲。〔外〕近來？〔末〕君子要知醫，懸壺舊家世。〔外〕原來世醫？久聞先生飽學。敢問尊年有幾，祖上可也習儒？〔末〕容裏。凡雜作，可試爲，但諸家，略通的。〔外〕這等一發有用。

【前腔】聞名久，識面初，果然大邦生大儒。今日選良辰，叫他拜師傅。〔外〕有女頗知書，先生長訓詁。〔末〕當得。則怕做不得小姐之師。〔外〕那女學士，你做的班大姑。〔外〕院子，敲雲板，請小姐出來。〔末〕先生來了怎好？〔旦〕那少不得去。

【前腔】〔旦引貼上〕添眉翠，搖佩珠，繡屏中生成士女圖。蓮步鯉庭趨，儒門舊家數。〔貼〕小姐到。〔外〕我兒過來。〔末〕玉不琢，不成器，丫頭，那賢達女，都是些古鏡模。你便略知書，也做好奴僕。〔內鼓吹介〕〔旦拜介〕〔貼叩頭介〕〔末〕學生自愧蒲柳之姿，謬加琢玉之功。〔外〕春香丫頭，向陳師父叩頭。〔旦拜，貼叩頭介〕〔末〕〔外〕敢問小姐所讀何書？〔旦〕《四書》，他都成誦了。則看些經旨罷。《易經》以道陰陽，義理深奧；《書》以道政事，與婦女沒相干；《春秋》《禮記》，又是孤經；則《詩經》開首便是后妃之德，四箇字兒順口，且是學生家傳，習《詩》罷。其餘書史儘有，則可惜他是箇女兒。

【前腔】我年將半，性喜書，牙籤插架三萬餘。〔嘆介〕我伯道恐無兒，中郎有誰付？先生，他要看的書儘看。有不臻的所在，打丫頭。〔旦拜介〕〔貼〕哎喲！〔外〕冠兒下，他做箇女秘書。小梅香，要防護。〔末〕謹領。〔外〕春香伴小姐進衙，我陪先生酒去。〔旦拜介〕〔酒是先生饌，女爲君子儒。〕〔下〕〔外〕請先生後花園飲酒。

〔外〕門館無私白日閒，薛能　〔末〕百年齏糗腐儒餐。杜甫　〔外〕左家弄玉惟嬌女，柳宗元　〔合〕花裏尋師到杏壇。錢起

第六齣　悵眺

【番卜算】〔丑扮韓秀才上〕家世大唐年，寄籍潮陽縣。越王臺上海連天，可是鵬程便？榕樹梢頭訪古臺，下看甲子海門開。越王歌舞今何在？時有鷓鴣飛去來。自家韓子才。俺公公唐朝韓退之，爲上了《破佛骨表》，貶落潮州。出門藍關雪阻，馬不能前。先祖心裏暗暗道，第一程采頭罷了。正苦中間，忽然有箇湘子姪兒，乃下八洞神仙，藍縷相見。俺退之公公一發心裏不快。呵融凍筆，題一首詩在藍關草驛之上。末二句單指著湘子說道：「知汝遠來應有意，好收吾骨瘴江邊。」湘子袖了這詩，長笑一聲，騰空而去。那湘子恰在雲端看見，想起前詩，按下雲頭，收其骨殖。到得衙中，四顧無人，果然後來退之公公潮州瘴死，舉目無親。單單則有湘子原妻一箇在衙。四目相視，把湘子一點凡心頓起。當時生下一支，留在水潮，傳了宗祀。小生乃其嫡派苗裔也。因亂流來廣城。官府念是先賢之後，表請敕封小生爲昌黎祠香火秀才。寄居趙佗王臺子之上。正是：「雖然乞相寒儒，卻是仙風道風。」呀，早一位朋友上來。誰也？

【前腔】〔生上〕經史腹便便，畫夢人還倦。欲尋高聳看雲煙，海色光平面。〔相見介〕〔丑〕是柳春卿，甚風兒吹的老兄來？〔生〕偶爾孤遊上此臺。〔丑〕這臺上風光儘可矣。〔生〕則無奈登臨不快哉。〔丑〕小弟此間受用也。〔生〕小弟想起來，到是不讀書的人受用。〔丑〕誰？〔生〕趙佗王便是。

【鎖寒窗】祖龍飛、鹿走中原，尉佗啊，他倚定著摩崖半壁天。稱孤道寡，是他英雄本然。白占了江山，猛起些宮殿。似吾儕讀盡萬卷書，可有半塊土麼？那半部上山河不見。〔合〕由天，那攀今吊古也徒然，荒臺古樹寒煙。〔丑〕小弟看兄氣象言談，似

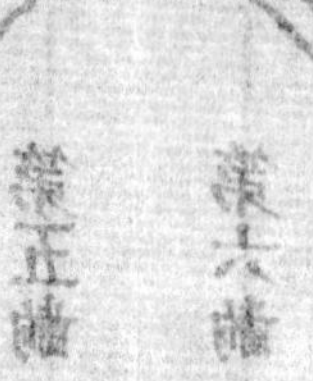

汤显祖

牡丹亭

三

中国古典四大名剧

有無聊之嘆。先祖昌黎公有云：「不患有司之不明，不患有司之不公，只患經書之不通。」老兄，還則怕工夫有不到處。〔生〕這話休提。比如我公公柳宗元，與你公公韓退之，他都是飽學才子，卻也時運不濟。你公公錯題了《佛骨表》，貶職潮陽。我公公則爲在朝陽殿與王叔文丞相下碁子，驚了聖駕，直貶做柳州司馬。都是邊海煙瘴地方。那時兩公一路而來，旅舍之中，兩箇挑燈細論。你公公說道：「宗元，宗元，我和你兩人文章，三六九比勢：我有《王泥水傳》，你便有《梓人傳》；我有《毛中書傳》，你便有《郭駝子傳》；我有《祭鱷魚文》，你便有《捕蛇者說》。這也罷了。則我《進平淮西碑》，取奉取奉朝廷，你卻又進箇平淮西的雅。一篇一篇，你都放俺不過。恰如今貶竄煙方，也合著一處。豈非時乎，運乎，命乎！」韓兄，這長遠的事休提了。假如俺和你論如常，難道便應這等寒落。因何俺公公造下一篇《乞巧文》，到俺二十八代元孫，再不曾乞得一些巧來？便是你公公立意做下《送窮文》，到老兄二十幾輩了，還不曾送的箇窮去？算來都則爲時運二字所虧。〔丑〕是也。春卿兄，

【前腔】你費家資制買書田，怎知他賣向明時不直錢。雖然如此，你看趙佗王當時，也是箇秀才陸賈，拜爲奉使中大夫到此。趙佗王多少尊重他。他歸朝燕，黃金累千。那時漢高皇厭見讀書之人，但有箇帶儒巾的，都拏來溺尿。這陸賈秀才，端然帶了四方巾，深衣大擺，去見漢高皇。那高皇望見，這又是箇掉尿鱉子的來了。便迎著陸賈罵道：「你老子用馬上得天下，何用詩書？」那陸生有趣，不多應他，只回他一句：「陛下馬上取天下，能以馬上治之乎？」漢高皇聽了，啞然一笑，說道：「便依你說。不管什麼文字，念了與寡人聽之。」陸大夫不慌不忙，袖裏出一卷文字，恰是平日燈窗下纂集的《新語》一十三篇，高聲奏上。那

應念愁中恨索居，　段成式
青雲器業俺全疏。　李商隱
越王自指高臺笑，　皮日休
劉項原來不讀書。　章碣

牡丹亭　第七齣　閨塾

姐解書。

〔末上〕「吟餘改抹前春句，飯後尋思午晌茶。蟻上案頭沿硯水，蜂穿窗眼咂瓶花。」我陳最良杜衙設帳，杜小姐家傳《毛詩》。極承老夫人管待。今日早膳已過，我且把毛註潛玩一遍。〔念介〕「關關雎鳩，在河之洲。窈窕淑女，君子好逑。」好者好也，逑者求也。〔看介〕這早晚了，還不見女學生進館。卻也嬌養的凶。待我敲三聲雲板。〔敲雲板介〕春香，請小姐解書。

【遶池遊】〔旦引貼捧書上〕素妝纔罷，緩步書堂下。對淨几明窗瀟灑。〔貼〕《昔氏賢文》，把人禁殺，怎時節則好教鸚哥喚茶。〔見介〕〔旦〕先生萬福。〔貼〕先生少怪。〔末〕凡爲女子，雞初鳴，咸盥、漱、櫛、笄，問安於父母。日出之後，各供其事。如今女學生以讀書爲事，須要早起。〔旦〕以後不敢了。〔貼〕知道了。今夜不睡，三更時分，請先生上書。〔末〕昨日上的《毛詩》，可溫習？〔旦〕溫習了。則待講解。〔末〕你念來。〔旦念書介〕「關關雎鳩，在河之洲。窈窕淑女，君子好逑。」〔末〕聽講。「關關雎鳩」，雎鳩是箇鳥，關關鳥聲也。〔貼〕怎樣聲兒？〔末作鳩聲〕〔貼學鳩聲諢介〕〔末〕此鳥性喜幽靜，在河之洲。〔貼〕是了。不是昨日是前日，不是今年是去年，俺衙內關著箇斑鳩兒，被小姐放去，一去去在何知州家。〔末〕胡說，這是興。〔貼〕興箇甚的那？〔末〕興者起也。起那下頭窈窕淑女，是幽閒女子，有那等君子好好的來求他。〔貼〕爲甚好好的求他？〔末〕多嘴哩。

〔旦〕師父，依註解書，學生自會。但把《詩經》大意，敷演一番。

【掉角兒】〔末〕論《六經》，《詩經》最葩，閨門内許多風雅：有指證，姜嫄產哇；不嫉妒，后妃賢達。更有那詠雞鳴，傷燕羽，泣江皋，思漢廣，洗淨鉛華。有風化，宜室宜家。〔旦〕這經文偌多？〔末〕《詩》三百，一言以蔽之，沒多些，只「無邪」兩字，付與兒家。書講了。春香取文房四寶來模字。〔貼下取上〕紙、墨、筆、硯在此。〔末〕這甚麼墨？〔旦〕丫頭錯拏了，這是螺子黛，畫眉的。〔末〕這甚麼筆？〔旦作笑介〕這便是畫眉細筆。〔末〕俺從不曾見。拏去，拏去！這是甚麼紙？〔旦〕薛濤箋。〔末〕拏去，拏去。只拏那蔡倫造的來。這是甚麼硯？是一箇是兩箇？〔旦〕鴛鴦硯。〔末〕許多眼？〔旦〕淚眼。〔末〕哭什麼子？一發換了來。〔旦寫字介〕〔末看介〕好箇標老兒！待換上。〔下換上〕〔旦〕這可好？〔末〕著。〔旦〕學生自會臨書。春香還勞把筆。看你臨。〔旦寫字介〕我從不曾見這樣好字。這甚麼格？〔末看介〕是衛夫人傳下美女簪花之格。〔貼〕待俺寫箇奴婢學夫人。〔末看驚介〕先生，學生領出恭牌。〔下〕〔旦〕敢問師母尊年？〔末〕目下平頭六十。〔旦〕學生待繡箇對鞋

长亭

第十辑

四

中国古典四大名著

兒上壽，請箇樣兒。〔末〕生受了。〔旦〕依《孟子》上樣兒「不知足而爲屨」罷了。

〔末叫三度介〕〔旦作惱介〕劣丫頭那裏來？〔貼笑介〕溺尿去來。原來有座大花園，好耍子哩。

〔末〕哎也，不攻書，花園去。待俺取荊條來。〔貼〕荊條做甚麼？

【前腔】〔貼〕小姐，你聽一聲聲賣花，把讀書聲差。〔末〕又引逗小姐哩。待俺當真打一下。〔貼搶荊條投地介〕〔旦〕死丫頭，唐突了師父，快跪下。〔貼跪介〕〔旦〕師父看他初犯，容學生責認一遭兒。〔貼起介〕

【前腔】〔旦〕手不許把鞦韆索拏，腳不許把花園路踏。〔貼〕則瞧罷。〔旦〕還嘴，這招風嘴，把香頭來綽疤；招花眼，把繡針兒簽。〔貼〕瞎了中甚麼用？〔旦〕則要你守硯臺，跟書案，伴「詩云」，陪「子曰」，沒的爭差。〔貼指介〕兀那不是！

【尾聲】〔末〕女弟子則爭箇不求聞達，和男學生一般兒教法。你們工課完了，方可回衙。咱和公相陪話去。〔合〕怎辜負的這一弄明窗新絳紗。〔末下〕〔貼作背後指末罵介〕村老牛，癡老狗，一些趣也不知。〔旦作扯介〕死丫頭！〔貼〕爭差些罷。〔旦〕一日爲師，終身爲父，他打不的你？俺且問你那花園在那裏？〔貼做不說〕〔旦做笑問介〕〔貼指介〕兀那不是！〔旦〕可有什麼景致？〔貼〕景致麼，有亭臺六七座，鞦韆一兩架。遠的流觴曲水，面著太湖山石。名花異草，委實華麗。〔旦〕原來有這等一箇所在，且回衙去。

張祐
〔旦〕也曾飛絮謝家庭，李山甫〔貼〕欲化西園蝶未成，張泌〔旦〕無限春愁莫相問，趙嘏〔合〕綠陰終借暫時行。

第八齣　勸農

【夜遊朝】〔外引淨扮皂隸，貼扮門子同上〕何處行春開五馬？采邠風物候穠華。竹宇聞鳩，朱輻引鹿。且留憩甘棠之下。

【古調笑】時節時節，過了春三二月。乍晴膏雨煙濃，太守春深勸農。農重農重，緩理征徭詞訟。俺南安府在江廣之間，春事頗早。想俺爲太守的，深居府堂，那遠鄉僻塢，有拋荒遊懶的，何由得知？昨已分付該縣置買花酒，待本府親自勸農。近鄉之處，不想已齊備。〔丑扮縣吏上〕「承行無令史，帶辦有農民。」稟爺爺，勸農花酒，俱已齊備。〔外〕分付起行。許多人囉唪。〔衆應，喝道起行介〕〔外〕正是：「爲乘陽氣行春令，不是閒遊玩物華。」〔下〕

【前腔】〔生、末扮父老上〕白髮年來公事寡。聽兒童笑語諠譁。太守巡遊，春風滿馬。敢借著這務農宣化？俺等乃是南安府清樂鄉中父老。恭喜本府杜太爺，管治三年，慈祥端正，弊絕風清。凡各村鄉約保甲，義倉社學。無不舉行。極是地方有福。現今親自各鄉勸農，不免官亭伺候。那祇候們扛擡花酒到來也。

【普賢歌】〔丑、老旦扮公人，扛酒提花上〕俺天生的快手賊無過。衙舍裏消消沒的睃，扛酒去前坡。〔做跌介〕幾乎破了哥，摔破了花花你賴不的我。〔生、末〕列位祇候哥到來。〔老旦、丑〕便是這酒埕子漏了，則怕酒少，煩老官兒遮蓋些。〔生、末〕不妨。且擡過一邊，村務裏嗑酒去。〔老旦、丑下〕〔生、末〕地方端正坐椅，太爺到來。〔虛下〕

【排歌】〔外引衆上〕紅杏深花，菖蒲淺芽。春疇漸煖年華。竹籬茅舍酒旗兒叉。雨過炊煙一縷斜。〔生、末接介〕〔合〕提壺叫，布穀喳。行看幾日免排衙。休頭踏，省諠譁，怕驚他林外野人家。〔卓菉介〕菉爺，到官亭。〔生、末見介〕〔外〕衆父老，此爲何鄉何都？〔生末〕南安縣第一都清樂鄉。〔外〕待我一觀。〔望介〕〔外〕美哉此鄉，真箇清而可樂也。【長相思】你看山也清，水也清，人在山陰道上行。春雲處處生。〔生、末〕正是。官也清，吏也清，村民無事到公庭。農歌三兩聲。〔外〕父老，知我春遊之意乎？

【八聲甘州】平原麥灑，翠波搖顫顫，綠疇如畫。如酥嫩雨，遶塍春色若若苴。趁江南土疏田脈佳。怕人戶們拋荒力不加。還怕，有那無頭官事，誤了你好生涯。〔生、末〕以前晝有公差，夜有盜警。老爺到後啊，

【前腔】千村轉歲華。愚父老香盆，兒童竹馬。陽春有腳，經過百姓人家。月明無犬吠黃花，雨過有人耕綠野。真箇，村村雨露桑麻。〔內歌《泥滑喇》介〕〔外〕前村田歌可聽。

【孝白歌】〔淨扮田夫上〕泥滑喇，腳支沙，短耙長犁滑律的拏。夜雨撒菰麻，天晴出糞渣，香風餲鮓。〔外〕歌的好。「夜雨

牡丹亭

第八齣　第八齣

五

中国古典四大名剧

撒菽麻，天晴出糞渣，香風乍」，是說那糞臭。父老啊，他卻不知這糞是香的。有詩爲證：「直到饑時聞飯過，龍涎不及糞渣香。」與他插花賞酒。〔淨插花賞酒，笑介〕好老爺，好酒。〔合〕官裏醉流霞，風前笑插花，把農夫們俊煞。〔下〕〔門子稟介〕一箇小廝唱的來也。

【前腔】〔丑扮牧童拏笛上〕春鞭打，笛兒砂，倒牛背斜陽閃暮鴉。〔笛指門子介〕他一樣小腰揪，一般雙髻鬌，能騎大馬，〔外〕歌的好。怎生指著門子唱「一樣小腰揪，一般雙髻鬌，能騎大馬？」父老，他怎知騎牛的到穩。有詩爲證：「常羨人間萬戶侯，只知騎馬勝騎牛。今朝馬上看山色，爭似騎牛得自由。」賞他酒，插花去。〔丑插花飲酒介〕〔合〕官裏醉流霞，風前笑插花，村童們俊煞。〔下〕〔門子稟介〕一對婦人歌的來也。

【前腔】〔旦、老旦采桑上〕那桑陰下，柳篸兒搓，順手腰身嫋丫。呀，什麼官員在此？俺羅敷自有家，便秋胡怎認他，提金下馬？〔外〕歌的好。說與他，不是魯國秋胡，不是秦家使君，是本府太爺勸農。見此勤劬采桑，可敬也。有詩爲證：「一般桃李聽笙歌，此地桑陰十畝多。不比世間閒草木，絲絲葉葉是綾羅。」領酒，插花去。〔二旦背插花，飲酒介〕〔合〕官裏醉流霞，風前笑插花，采桑人俊煞。〔下〕〔門子稟介〕又一對婦人唱的來也。

【前腔】〔老旦、丑持筐采茶上〕乘穀雨，采新茶，一旗半槍金縷芽。呀，什麼官員在此？學士雪炊他，書生困想他，竹煙新瓦。〔外〕歌的好。說與他，不是郵亭學士，不是陽羨書生，是本府太爺勸農。看你婦女們采桑采茶，勝如采花。有詩爲證：「只因天上少茶星，地下先開百草精。閒煞女郎貪鬥草，風光不似鬥茶清。」領了酒，插花去。〔老旦、丑插花，飲酒介〕〔合〕官裏醉流霞，風前笑插花，采茶人俊煞。〔下〕〔生、末跪介〕稟老爺，衆父老茶飯伺候。〔外〕不消。餘花餘酒，父老們領去，給散小鄉村，也見官府勸農之意。叫祇候們起馬。〔生、末做攀留不許介〕〔起叫介〕村中男婦領了花賞了酒的，都來送太爺。

【清江引】〔前各衆插花上〕黃堂春遊韻瀟灑，身騎五花馬。村務裏有光華，花酒藏風雅。男女們請了，你德政碑隨路打。〔下〕

閭閻繚繞接山巔，　杜甫
春草青青萬頃田。　張繼
日暮不辭停五馬，　羊士諤
桃花紅近竹林邊。　薛能

牡丹亭

第九齣　　第九齣

六

中國古典四大名劇

第九齣　肅苑

【一江風】〔貼上〕小春香，一種在人奴上，畫閣裏從嬌養。侍娘行，弄粉調朱，貼翠拈花，慣向妝臺傍。陪他理繡牀，陪他燒夜香。小苗條喫的是夫人杖。「花面丫頭十三四，春來綽約省人事。終須等箇助情花，處處相隨步步覷。」俺春香日夜跟隨小姐。看他名爲國色，實守家聲。嫩臉嬌羞，老成尊重。只因老爺延師教授，讀到《毛詩》第一章：「窈窕淑女，君子好逑。」悄然廢書而嘆曰：「聖人之情，盡見於此矣。今古同懷，豈不然乎？」春香因而進言：「小姐讀書困悶，怎生消遣則箇？」小姐會沈吟，逡巡而起。便問道：「春香，你教我怎生消遣那？」俺便應道：「小姐，也沒箇甚法兒，後花園走走罷。」小姐說：「死丫頭，老爺聞知怎好？」春香應說：「老爺下鄉，有幾日了。」小姐低回不語者久之，方纔取過曆書選看。說明日不佳，後日欠好，除大後日，是箇小遊神吉期。預喚花郎，掃清花徑。我一時應了，則怕老夫人知道。呀，且自叫那小花郎分付去。迴廊那廂，陳師父來了。正是：「年光到處皆堪賞，說與癡翁總不知。」

【前腔】〔末上〕老書堂，暫借扶風帳。日暖鉤簾蕩。呀，那迴廊，小立雙鬟，似語無言，近看如何相？是春香，問你恩官在那廂？〔貼〕原來是陳師父。〔末〕有甚麼情況？〔貼〕老師父還不知，老爺怪你哩。〔末〕何事？〔貼〕說你講《毛詩》，

【前腔】甚年光，忒煞通明相，所事關情況？毛的忒精了。小姐啊，爲詩章，講動情腸。〔末〕則講了箇「關關雎鳩」。〔貼〕故此了。小姐說，關了的雎鳩，尚然有洲諸之興，因春可以人而不如鳥乎！書要埋頭，那景致則擡頭望。如今分付，明後日遊後花園。〔末〕爲甚去遊？〔貼〕他平白地爲春傷。去的忙，後花園要把春愁漾。〔末〕一發不該了。

【前腔】論娘行，出入人觀望，步起須屏障。春香，你師父靠天也六十來歲，從不曉得傷箇春，從不曾遊箇花園。〔貼〕爲甚？〔末〕你不知，孟夫子說的好，聖人千言萬語，則要人「收其放心」。但如常，著甚春傷？要甚春遊？你放春歸，怎把心兒放？小姐既不上書，我且告歸幾日。春香啊，你尋常到講堂，時常向瑣窗，怕燕泥香點涴在琴書上。我去了。「繡戶女郎閒鬥草，下帷老子不窺園。」〔下〕且喜陳師父去了。叫花郎在麼？〔叫介〕花郎！〔貼吊場〕

【普賢歌】〔丑扮小花郎醉上〕一生花裏小隨衙，偷去街頭學賣花。令史們將我搭，祇候們將我搭，狠燒刀、險把我嫩盤腸生灌殺。〔見介〕春姐在此。〔貼〕好打。私出衙前騙酒，這幾日菜也不送。〔丑〕還有一分哩？〔貼〕這該打。〔丑〕花郎。〔貼〕你叫什麼名字？〔丑〕花郎。〔貼〕每早送花，夫人一分，小姐一分，花也不送。〔丑〕有菜夫。〔貼〕水也不視。〔丑〕有水夫。〔貼〕

牡丹亭

第六編

六

中國古典四大名劇

你把花郎的意思，撩箇曲兒俺聽。饒打，饒打。〔丑〕使得。

【梨花兒】小花郎做盡了花成浪，則春姐花沁的水洸浪。和你這日高頭偷眼眼，嗏，好花枝乾鱉了作麼朗！〔貼〕待俺還你也哥。

【前腔】小花郎看盡了花成浪，小郎當夾細的大當郎？〔丑〕哎喲，〔貼〕俺待到老爺回時說一浪，〔採丑髻介〕嗏，敢幾箇小椰頭把你分的朗。〔丑倒介〕罷了，姐姐爲甚事光降小園？〔貼〕小姐大後日來瞧花園，好些掃除花徑。〔丑〕知道了。

東郊風物正薰馨，（崔日用）應喜家山接女星。（陳陶）莫遣兒童觸紅粉，（韋應物）便教鶯語太丁寧。（杜甫）

第十齣　驚夢

【遶池遊】〔旦上〕夢回鶯囀，亂煞年光遍。人立小庭深院。〔貼〕炷盡沉煙，拋殘繡線，恁今春關情似去年？〔烏夜啼〕〔旦〕曉來望斷梅關，宿妝殘。〔貼〕你側著宜春髻子恰憑闌。〔旦〕翦不斷，理還亂，悶無端。〔貼〕已分付催花鶯燕借春看。〔旦〕春香，可曾叫人掃除花徑？〔貼〕分付了。〔旦〕取鏡臺衣服來。〔貼取鏡臺衣服上〕「雲髻罷梳還對鏡，羅衣欲換更添香。」鏡臺衣服在此。

【步步嬌】〔旦〕裊晴絲吹來閒庭院，搖漾春如線。停半晌、整花鈿。沒揣菱花，偷人半面，迤逗的彩雲偏。〔行介〕步香閨怎便把全身現！〔貼〕今日穿插的好。

【醉扶歸】〔旦〕你道翠生生出落的裙衫兒茜，艷晶晶花簪八寶填，可知我常一生兒愛好是天然。恰三春好處無人見。不堤防沉魚落雁鳥驚喧，則怕的羞花閉月花愁顫。〔貼〕早茶時了，請行。〔行介〕你看：「畫廊金粉半零星，池館蒼苔一片青。踏草怕泥新繡襪，惜花疼煞小金鈴。」〔旦〕不到園林，怎知春色如許！

【皂羅袍】原來姹紫嫣紅開遍，似這般都付與斷井頹垣。良辰美景奈何天，賞心樂事誰家院！恁般景致，我老爺和奶奶再不提起。【合】朝飛暮捲，雲霞翠軒；雨絲風片，煙波畫船——錦屏人忒看的這韶光賤！〔貼〕是花都放了，那牡丹還早。

【好姐姐】〔旦〕遍青山啼紅了杜鵑，荼蘼外煙絲醉軟。春香啊，牡丹雖好，他春歸怎占的先！〔貼〕成對兒鶯燕啊。〔合〕閒凝眄，生生燕語明如翦，嚦嚦鶯歌溜的圓。〔旦〕去罷。〔貼〕這園子委是觀之不足也。〔旦〕提他怎的！

【隔尾】觀之不足由他繾，便賞遍了十二亭臺是枉然。到不如興盡回家閒過遣。〔作到介〕〔貼〕「開我西閣門，展我東閣牀。瓶插映山紫，爐添沉水香。」小姐，你歇息片時，俺瞧老夫人去也。〔下〕

〔旦嘆介〕「默地遊春轉，小試宜春面。」春啊，得和你兩留連，春去如何遣？咳，恁般天氣，好困人也。春香那裏？〔作左右瞧介〕常觀詩詞樂府，古之女子，因春感情，遇秋成恨，誠不謬矣。吾今年已二八，未逢折桂之夫；忽慕春情，怎得蟾宮之客？昔日韓夫人得遇于郎，張生偶逢崔氏，曾有《題紅記》《崔徽傳》二書。此佳人才子，前以密約偷期，後皆得成秦晉。〔長嘆介〕吾生於宦族，長在名門。年已及笄，不得早成佳配，誠爲虛度青春，光陰如過隙耳。〔淚介〕可惜妾身顏色如花，豈料命如一葉乎！

【山坡羊】沒亂裏春情難遣，驀地裏懷人幽怨。則爲俺生小嬋娟，揀名門一例、一例裏神仙眷，甚良緣，把青春拋的遠！俺的睡情誰見？則索因循靦腆。想幽夢誰邊，和春光暗流傳？遷延，這衷懷那處言！淹煎，潑殘生，除問天！〔睡介〕

〔生上〕「鶯逢日暖歌聲滑，人遇風情笑口開。一徑落花隨水入，今朝阮肇到天台。」小生順路兒跟著杜小姐回來，怎生不見？〔回看介〕呀，小姐，小姐！〔旦作驚起介〕〔相見介〕〔生〕小生那一處不尋訪小姐來，卻在這裏！恰好花園內，折取垂柳半枝。姐姐，你既淹通書史，可作詩以賞此柳枝乎？〔旦作驚喜，欲言又止介〕〔背想〕這生素昧平生，何因到此？〔生笑介〕小姐，咱愛殺你哩！

【山桃紅】則爲你如花美眷，似水流年，是答兒閒尋遍。在幽閨自憐。小姐，和你那答兒講話去。〔旦作含笑不行〕〔生作牽衣介〕〔旦低問〕那邊去？〔生〕轉過這芍藥欄前，緊靠著湖山石邊。〔旦低問〕秀才，去怎的？〔生低答〕和你把領扣鬆，衣帶寬，袖梢兒搵著牙兒苫也，則待你忍耐溫存一晌眠。〔旦作羞〕〔生前抱〕〔旦推介〕〔合〕是那處曾相見，相看儼然，早難道這好處相逢無一言？〔生強抱旦下〕

〔末扮花神束髮冠，紅衣插花上〕「催花御史惜花天，檢點春工又一年。蘸客傷心紅雨下，勾人懸夢彩雲邊。」吾乃掌管南安府後花園花神是也。因杜知府小姐麗娘，與柳夢梅秀才，後日有姻緣之分。杜小姐遊春感傷，致使柳秀才入夢。咱花神專掌惜玉憐香，竟來保護他，要他雲雨十分歡幸也。

【鮑老催】〔末〕單則是混陽蒸變，看他似蟲兒般蠢動把風情搧。一般兒嬌凝翠綻魂兒顫。這是景上緣，想內成，因中見。呀，淫邪展污了花臺殿。咱待拈片落花兒驚醒他。〔向鬼門丟花介〕他夢酣春透了怎留連？拈花閃碎的紅如片。秀才纏到的半夢兒，夢畢之時，好送杜小姐仍歸香閣。吾神去也。〔下〕

牡丹亭

第十出
第十齣

十

中国古典四大名剧

牡丹亭

第十齣

第十一齣

八

中國古典四大名劇

【山桃紅】〔生、旦攜手上〕〔生〕這一霎天留人便，草藉花眠。小姐可好？〔旦低頭介〕〔生〕則把雲鬟點，紅鬆翠偏。小姐休忘了啊，見了你緊相偎，慢廝連，恨不得肉兒般團成片也，逗的箇日下胭脂雨上鮮。〔旦〕秀才，你可去呵？〔生〕則待相見，相看儼然，早難道這好處相逢無一言？〔生〕姐姐，你身子乏了，將息，將息。〔送旦依前作睡介〕〔輕拍旦介〕姐姐，俺去了。〔作回顧介〕姐姐，你可十分將息，我再來瞧你那。「行來春色三分雨，睡去巫山一片雲。」〔下〕〔旦作驚醒，低叫介〕秀才，秀才，你去了也？〔又作癡睡介〕〔老旦上〕「夫壻坐黃堂，嬌娃立繡窗。怪他裙衩上，花鳥繡雙雙。」孩兒，孩兒，你為甚瞌睡在此？〔旦作醒，叫秀才介〕咳也。〔老旦〕孩兒怎的來？〔旦作驚起介〕奶奶到此！〔老旦〕我兒，何不做些針指，或觀玩書史，舒展情懷？因何晝寢於此？〔旦〕孩兒適在花園中閒玩，忽值春暄惱人，故此回房。無可消遣，不覺困倦少息。有失迎接，望母親恕兒之罪。〔老旦〕孩兒，這後花園中冷靜，少去閒行。〔旦〕領母親嚴命。〔老旦〕孩兒，學堂看書去。〔旦〕先生不在，且自消停。〔老旦嘆介〕女孩兒長成，自有許多情態，且自由他。正是：「宛轉隨兒女，辛勤做老娘。」〔下〕〔旦長嘆介〕〔看老旦下介〕哎也，天那，今日杜麗娘有些僥倖也。偶到後花園中，百花開遍，睹景傷情。沒興而回，晝眠香閣。忽見一生，年可弱冠，丰姿俊妍。於園中折得柳絲一枝，笑對奴家說：「姐姐既淹通書史，何不將柳枝題賞一篇？」那時待要應他一聲，心中自忖，素昧平生，不知名姓，何得輕與交言。正如此想間，只見那生向前說了幾句傷心話兒，將奴摟抱去牡丹亭畔，芍藥闌邊，共成雲雨之歡。兩情和合，真箇是千般愛惜，萬種溫存。歡畢之時，又送我睡眠，幾聲「將息」。正待自送那生出門，忽值母親來到，喚醒將來。我一身冷汗，乃是南柯一夢。忙身參禮母親，又被母親絮了許多閒話。奴家口雖無言答應，心內思想夢中之事，何曾放懷。共成雲雨之歡。兩情和合，真箇是千般愛惜，萬種溫存。歡畢之時，又送我睡眠，幾聲「將息」。正待自送那生出門，忽值母親來到，喚醒將來。我一身冷汗，乃是南柯一夢。忙身參禮母親，又被母親絮了許多閒話。奴家口雖無言答應，心內思想夢中之事，何曾放懷。

【綿搭絮】雨香雲片，纏到夢兒邊。無奈高堂，喚醒紗窗睡不便。潑新鮮冷汗粘煎，閃的俺心悠步嚲，意軟鬌偏。不爭多費盡神情，坐起誰忺？則待去眠。〔貼上〕「晚妝銷粉印，春潤費香篝。」小姐，薰了被窩睡罷。

【尾聲】〔旦〕困春心遊賞倦，也不索香薰繡被眠。天呵，有心情那夢兒還去不遠。

春望逍遙出畫堂，　張說　　間梅遮柳不勝芳。　羅隱

可知劉阮逢人處？　許渾　　回首東風一斷腸。　韋莊

第十一齣　慈戒

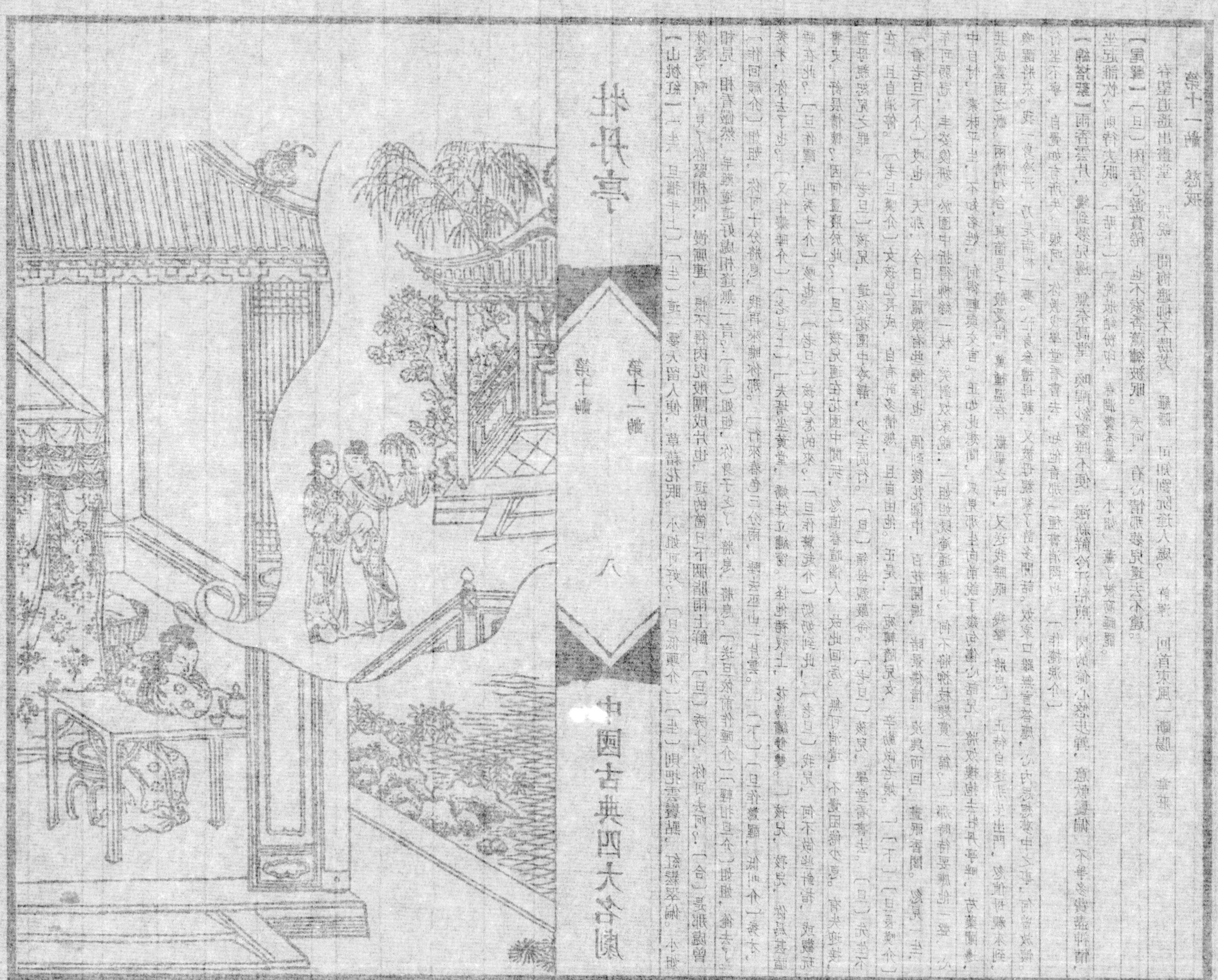

牡丹亭

卷十一

八

中國古典四大名劇

【老旦上】「昨日勝今日，今年老去年。可憐小兒女，長自繡窗前。」獨眠香閣。問知他在後花園回，身子困倦。他年幼不知：凡少年女子，最不宜艷妝戲遊空冷無人之處。這都是春香賤材逗引他。春香那裏？【貼上】「閨中圖一睡，堂上有千呼。」奶奶，怎夜分時節，還未安寢？【老旦】小姐在那裏？【貼】陪過夫人到香閣中，自言自語，淹淹春睡去了。敢在做夢也。【老旦】你這賤材，引逗小姐後花園去，儻有疏虞，怎生是了！【貼】以後再不敢了。【老旦】聽俺分付…

【征胡兵】女孩兒只合香閨坐，拈花翦朵。問繡窗針指如何？逗工夫一線多。更晝長閨不過，琴書外自有好騰那。去花園怎麼？【貼】花園好景，【老旦】丫頭，不說你不知…

【前腔】後花園窈窕無邊闊，亭臺半倒落。便我中年人要去時節，尚兀自裏打箇磨陀。女兒家甚做作？星辰高猶自可。【貼】不高怎的？【老旦唱】廝撞著，有甚不著科，教娘怎麼？小姐不曾晚餐，早飯要早。你說與他。

【老】風雨林中有鬼神，蘇廣文　【貼】寂寥未是采花人。鄭谷　【老】素娥畢竟難防備，段成式　【貼】似有微詞動絳唇。唐彥謙

牡丹亭

第十二齣

第十二齣　九

中國古典四大名劇

第十二齣　尋夢

【夜遊宮】【貼上】膩臉朝雲罷盥，倒犀簪斜插雙鬌。待香閨起早，睡意闌珊，妝閣畔，畫屏間。一位春香。請過貓兒師父，不許老鼠放光。僥倖《毛詩》感動，小姐吉日時良。拖帶春香遣悶，後花園裏遊芳。誰知小姐瞌睡，恰遇著夫人問當。絮了小姐一會，要與春香一場。春香無言知罪，以後勸止娘行。夫人還是不放，少不得發咒禁當。【內介】春香姐，發箇甚咒來？【貼】敢再跟娘娘胡撞，教春香即世裏不見兒郎。雖然一時抵對，烏鴉管的鳳凰？一夜小姐焦躁，起來促水朝妝。由他自言自語，日高花影紗窗。【內介】快請小姐早膳。【貼】「報道官廚飯熟，且去傳遞茶湯。」【下】

【月兒高】【旦上】幾曲屏山展，殘眉黛深淺。爲甚衾兒裏不住的柔腸轉？這憔悴非關愛月眠遲倦，可爲惜花，朝起庭院？忽花間起夢情，女兒心性未分明。無眠一夜燈明滅，分煞梅香喚不醒。昨日偶爾春遊，何人見夢。綢繆顧盼，如遇平生。獨坐思量，情殊悵怏。真箇可憐人也。【悶介】【貼捧茶食上】「香飯盛來鸚鵡粒，清茶擎出鷓鴣斑。」小姐早膳哩。【旦】咱有甚心情也！

【前腔】梳洗了纔勻面，照臺兒未收展。睡起無滋味，茶飯怎生咽？【貼】夫人分付，早飯要早。【旦】你猛說夫人，則待把飢人勸。你說爲人在世，怎生叫做喫飯？【貼】一日三餐。【旦】咳，甚甌兒氣力與擎拳！生生的了前件。你自擎去喫便了。受用餘杯冷炙，勝如剩粉殘膏。【下】【貼】春香已去。天呵，昨日所夢，池亭儻然。只圖舊夢重來，其奈新愁一段。尋思展轉，竟夜無眠。咱待乘此空閒，背卻春香，悄向花園尋看。【悲介】哎也，似咱這般，正是…「夢無彩鳳雙飛翼，心有靈犀一點通」。

【行介】一逕行來，喜的園門洞開，守花的都不在。則這殘紅滿地呵！

【懶畫眉】最撩人春色是今年。少甚麼低就高來粉畫垣，元來春心無處不飛懸。【絆介】哎，睡荼蘼抓住裙衩線，恰便是花似人心好處牽。這一灣流水呵！

【前腔】爲甚呵，玉真重溯武陵源？也則爲水點花飛在眼前。是天公不費買花錢，則咱人心上有啼紅怨。咳，辜負了春三月天。

【貼上】喫飯去，不見了小姐，呀，小姐，則得一逕尋來。呀，小姐，你在這裏！

【不是路】何意嬋娟，小立在垂垂花樹邊。繞朝膳，箇人無伴怎遊園？【旦】畫廊前，深深蓦見銜泥燕，隨步名園是偶然。【貼】娘回轉，幽閨窄地教人見，「那些兒閒串？那些兒閒串？」

【前腔】【旦作惱介】唗，偶爾來前，道的咱偷閒學少年。【貼】咳，不偷閒，偷淡。【旦】欺奴善，把護春臺都猜做謊桃源，【貼】敢胡言，這是夫人命，道春多刺繡宜添線，潤逼爐香好膩箋。【旦】還說甚來？【貼】這荒園塹，怕花妖木客尋常見。去小庭深院，去小庭深院！【旦】知道了。你好生答應夫人去，俺隨後便來。【貼】「閒花傍砌如依主，嬌鳥嫌籠會罵人。」【下】【旦】丫頭去了，正好尋夢。

【忒忒令】那一答可是湖山石邊，這一答似牡丹亭畔。嵌雕闌芍藥芽兒淺，一絲絲垂楊線，一丟丟榆莢錢。線兒春甚金錢吊轉！呀，昨日那書生將柳枝要我題詠，強我歡會之時。好不話長！

【嘉慶子】是誰家少俊來近遠，敢迤逗這香閨去沁園？話到其間腼腆。他捏這眼，奈煩也天，咱噘這口，待酬言。

【尹令】那書生可意呵，咱不是前生愛眷，又素乏平生半面。則道來生出現，乍便今生夢見。生就箇書生，恰恰生生抱咱去眠。

牡丹亭

第十一图

第十二图

中国古典四大名剧

那些好不動人春意也。

【品令】他倚太湖石，立著咱玉嬋娟。待把俺玉山推倒，便日煖玉生煙。挹過雕闌，轉過鞦韆，捱著裙花展。敢席著地，怕天瞧見。

好一會分明，美滿幽香不可言。夢到正好時節，甚花片兒吊下來也！

【豆葉黃】他興心兒緊嗚嗚，嗚著咱香肩。俺可也慢搭搭做意兒周旋。等閒間把一箇照人兒昏善，那般形現，那般軟綿。忑一片撒花心的紅影兒吊將來半天。敢是咱夢魂兒廝纏？咳，尋來尋去，都不見了。牡丹亭，芍藥闌，怎生這般淒涼冷落，杳無人跡？好不傷心也！

【玉交枝】〔淚介〕是這等荒涼地面，沒多半亭臺靠邊，好是咱睠瞵色眼尋難見。明放著白日青天，猛教人抓不到魂夢前。霎時間有如活現，打方旋再得俄延，呀，是這答兒壓黃金釧匾。要再見那書生呵，

【月上海棠】怎賺騙，依稀想像人兒見。那來時荏苒，去也遷延。非遠，那雨跡雲蹤纏一轉，敢依花傍柳還重現。昨日今朝，眼下心前，陽臺一座登時變。再消停一番。〔望介〕呀，無人之處，忽然大梅樹一株，梅子磊磊可愛。

【二犯么令】偏則他暗香清遠，傘兒般蓋的周全。他趁這，他趁這春三月紅綻雨肥天，葉兒青。偏迸著苦仁兒裏撒圓。愛殺這畫陰便，再得到羅浮夢邊。罷了，這梅樹依依可人，我杜麗娘若死後，得葬於此，幸矣。

【江兒水】偶然間心似繾，梅樹邊。這般花花草草由人戀，生生死死隨人願，便酸酸楚楚無人怨。待打併香魂一片，陰雨梅天，守的箇梅根相見。〔倦坐介〕〔貼上〕「佳人拾翠春亭遠，侍女添香午院清。」咳，小姐走乏了，梅樹下盹。

【川撥棹】你遊花院，怎靠著梅樹偃？〔旦〕一時間望，一時間望眼連天，忽忽地傷心自憐。〔泣介〕〔合〕知怎生情悵然，知怎生淚暗懸？〔貼〕小姐甚意兒？

【前腔】〔旦〕春歸人面，整相看無一言，我待要折，我待要折的那柳枝兒問天，我如今悔，我如今悔不與題箋。〔貼〕這一句猜頭兒是怎言？〔合前〕〔貼〕去罷。〔旦作行又住介〕

【前腔】為我慢歸休，緩留連。〔內鳥啼介〕聽，聽這不如歸春暮天，難道我再，難道我再到這亭園，則掙的箇長眠和短眠！〔合前〕〔貼〕到了，和小姐瞧奶奶去。〔旦〕罷了。

【意不盡】軟哈哈剛扶到畫闌偏，報堂上夫人穩便。咱杜麗娘呵，少不得樓上花枝也則是照獨眠。

〔旦〕武陵何處訪仙郎？　釋皎然　〔貼〕只怪遊人思易忘。　韋莊　〔旦〕從此時時春夢裏，　白居易　〔貼〕一生遺恨繫心腸。

第十三齣　訣謁

張祐

【杏花天】〔生上〕雖然是飽學名儒，腹中飢，岣嶁脹氣。夢魂中紫閣丹墀，猛攧頭、破屋半間而已。「蛟龍失水硯池枯，狡兔騰天筆勢孤。百事不成真畫虎，一枝難穩又驚烏。」我柳夢梅在廣州學裏，也是箇數一數二的秀才，捱了些數伏數九的日子。於今藏身荒圃，寄口醫奴。思之、思之，惶愧，惶愧。想起韓友之談，不如外縣傍州，尋覓活計。正是…「家徒四壁求楊意，樹少千頭愧木奴。」老園公那裏？

【字字雙】〔淨扮郭駝上〕前山低岎後山堆，駝背，牽弓射弩做人兒，把勢，一連十箇偌來回，漏地，有時跌做繡球兒，滾氣。自家種園的郭駝子是也。祖公公郭橐駝，從唐朝柳員外來柳州。我因兵亂，跟隨他二十八代元孫柳夢梅秀才的父親，流轉到廣，又是若干年矣。賣果子回來，看秀才去。〔見介〕秀才，讀書辛苦。〔生〕園公，正待商量一事。我讀書過了廿歲，並無發跡之期。思想起來，前路多長，豈能鬱鬱居此。搬柴運水，多有勞累。園中果樹，都判與伊。聽我道來…

【桂花鎖南枝】俺有身如寄，無人似你。俺喫盡了黃淡酸甜，費你老人家澆培接植。你道俺像甚的來？鎮日裏似醉漢扶頭。甚日的和老駝伸背？自株守，教怨誰？讓荒園，你存濟。

【前腔】〔淨〕俺橐駝風味，種園家世。〔揖介〕不能夠展腳伸腰，也和你鞠躬盡力。秀才，你貼了俺果園那裏去？〔生〕坐食三餐，不如走空一棍。〔淨〕怎生叫做一棍？〔生〕混名打秋風哩！〔淨〕咳，你費工夫去撞府穿州，不如依本分登科及第。〔生〕你說打秋風不好？「茂陵劉郎秋風客」，到大來做了皇帝。〔淨〕秀才，不要攀今吊古的。你待秋風誰？你道滕王閣，風順隨，則怕魯顏碑，響雷碎。〔生〕俺干謁之興甚濃，休的阻擋。〔淨〕也整理些衣服去。

【尾聲】把破衫衿徹骨搥挑洗。〔生〕俺干謁贊門一布衣。〔淨〕秀才，則要你衣錦還鄉俺還見的你。

〔生〕此身飄泊苦西東，　杜甫　〔淨〕笑指生涯樹樹紅。　陸龜蒙　〔生〕欲盡出遊那可得？　武元衡　〔淨〕秋風還不及春風。

第十四齣　寫真

【破齊陣】〔旦上〕徑曲夢迴人杳，閨深珮冷魂銷。似霧濛濛花，如雲漏月，一點幽情動早。

倦起臨妝聽伯勞。春歸紅袖招。〔醉桃源〕〔旦〕不經人事意相關，牡丹亭夢殘。〔貼〕怕待尋芳迷翠蝶，

〔旦〕排恨疊，怯衣單，花枝紅淚彈。〔合〕蜀妝晴雨畫來難，高唐雲影間。〔貼〕小姐，你自花園遊後，寢食悠悠，

敢爲春傷，頓成消瘦？春香愚不諫賢，那花園以後再不可行走了。〔旦〕你怎知就裏？這是：「春夢暗隨三月景，曉寒

瘦減一分花。」

【刷子序犯】〔旦低唱〕春歸恁寒悄，都來幾日意懶心喬，竟妝成薰香獨坐無聊。逍遙，怎劃盡助愁芳草，甚法兒點活心苗！真

情強笑爲誰嬌？淚花兒打迸著夢魂飄。

【朱奴兒犯】〔貼〕小姐，你熱性兒怎不冰著，冷淚兒幾曾乾燥？這兩度春遊忒分曉，是禁不的燕抄鶯鬧。你自窨約，敢夫人見

焦。再愁煩，十分容貌怕不上九分瞧。〔旦作驚介〕咳，聽春香言話，俺麗娘瘦到九分九了。〔照介〕

〔悲介〕哎也，俺往日艷冶輕盈，奈何一瘦至此！若不趁此時自行描畫，流在人間，一旦無常，誰知西蜀杜麗娘有如此之美貌乎！

春香，取素絹、丹青，看我描畫。〔貼下取絹、筆上〕〔旦取絹，筆上〕俺且鏡前一照，委是如何？〔照介〕

杜麗娘二八春容，怎生便是杜麗娘自手生描也呵！〔貼下取絹，筆上〕「三分春色描來易，一段傷心畫出難。」絹幅、丹青，俱已齊備。〔旦泣介〕

【普天樂】這些時把少年人如花貌，不多時憔悴了。不因他福分難銷，可甚的紅顏易老？論人間絕色偏不少，等把風光丟抹早。

打滅起離魂舍欲火三焦，擺列著昭容文房四寶，待畫出西子湖山眉月雙高。

【雁過聲】〔照鏡嘆介〕輕綃，把鏡兒擘掠。筆花尖淡掃輕描。影兒呵，和你細評度：你腮斗兒恁喜謔，則待注櫻桃，

【傾杯序】〔貼〕宜笑，淡東風立細腰，又似被春愁著。〔旦〕謝半點江山，三分門戶，一種人才，小小行樂，撚青梅閒廝調。

宣雲鬢煙靄飄蕭；眉梢青未了，箇中人全在秋波妙，可可的淡春山眉暈小。

倚湖山夢曉，對垂楊風嫋。忒苗條，斜添他幾葉翠芭蕉。春香，襯起來，可廝像也？

牡丹亭

第十四齣

第十四齣

二

中國古典四大名劇

牡丹亭

第十五齣　第十六齣

（二）

中國古典四大名劇

〔玉芙蓉〕〔貼〕丹青女易描,真色人難學。似空花水月,影兒相照。似生成別樣嬌。〔貼〕只少箇姐夫在身傍。若是姻緣早,把風流壻招,少什麼美夫妻圖畫在碧雲高!〔旦〕春香,咱不瞞你,花園遊玩之時,咱也有箇人兒。〔貼驚介〕小姐,怎的有這等方便呵?〔旦〕夢哩!

〔山桃犯〕有一箇曾同笑,待想像生描著,再消詳貌入其中妙,則女孩家怕漏泄風情稿。這春容呵,似孤秋片月離雲嶠,甚蟾宮貴客傍的雲霄?春香,記起來了。那夢裏書生,曾折柳一枝贈我。此莫非他日所適之夫姓柳乎?故有此警報耳。偶成一詩,暗藏春色,題於幀首之上何如?〔貼〕卻好。〔旦題吟介〕「近睹分明似儼然,遠觀自在若飛仙。他年得傍蟾宮客,不在梅邊在柳邊。」〔放筆嘆介〕春香,也有古今美女,早嫁了丈夫相愛,替他描模畫樣;也有美人白家寫照,寄與情人。似我杜麗娘寄誰呵!

〔尾犯序〕心喜轉心焦。喜的明妝儼雅,仙珮飄颻。則怕呵,把俺年深色淺,當了箇金屋藏嬌。虛勞,寄春容教誰淚落,做真真無人喚叫。〔淚介〕堪愁天,精神出現留與後人標。春香,悄悄喚那花郎分付他。〔貼叫介〕〔丑扮花郎上〕「秦官一生花裏活,崔徽不似卷中人。」小姐有何分付?〔旦〕這一幅行樂圖,向行家裱去。叫人家收拾好些。

〔鮑老催〕這本色人兒妙,助美的誰家裱?要練花綃簾兒瑩、邊闌小,教他有人問著休胡嘌。日炙風吹懸襯的好,怕好物不堅牢。把咱巧丹青休浣了。〔丑〕小姐,裱完了,安奉在那裏?

〔尾聲〕〔旦〕儘香閨賞玩無人到,〔貼〕這形模則合挂巫山廟。〔合〕又怕爲雨爲雲飛去了。

〔貼〕眼前珠翠與心違,　崔道融　〔旦〕卻向花前痛哭歸。　韋莊　〔貼〕好寫妖嬈與教看,　羅虬　〔旦〕令人評泊畫楊妃。　韓偓

第十五齣　虜諜

〔一枝花〕〔淨扮番王引眾上〕天心起滅了遼。靜鞭兒替了胡笳哨。擂鼓鳴鐘,看文武班齊,骨碌碌南人笑,則箇鼻凹兒蹺,臉皮兒齙,毛梢兒魈。「萬里江山萬里塵。一朝天子一朝臣。俺北地怎禁沙日月,南人偏占錦乾坤。」自家大金皇帝完顏亮是也。身爲夷虜,性愛風騷。俺祖公阿骨打,搶了南朝天下,趙康王走去杭州,今又三十餘年矣。聽得他妝點杭州,勝似汴梁風景。一座西湖,朝歡暮樂。有箇曲兒,說他「三秋桂子,十里荷花。」便待起兵百萬,吞取何難?兵法虛虛實實,俺待用箇南人,爲我鄉導。喜他淮揚賊漢李全,有萬夫不當之勇。他心順溜於俺,俺先封他爲溜金王之職。限他三年內招兵買馬,騷擾淮揚地方。相機而行,以開進之路。哎喲,俺巴不到西湖上散悶兒也!

〔北二犯江兒水〕平分天道,雖則是平分天道,高頭偏俺照。俺司天臺標著那南朝,標著他那南朝,那答兒好?〔淨笑介〕那答里好?〔衆〕西湖有俺這南海子、北海子大麼?〔淨〕周圍二百里。波上花搖,雲外香飄。無明夜,錦笙歌圍醉繞。〔衆〕萬歲爺,借他來要要。〔淨〕已潛道畫工,偷將他全景來了。那湖上有吳山第一峯,畫俺立馬其上。俺好不狠也!吳山最高,俺立馬在吳山最高。江南低小,也看見了江南低小。〔舞介〕俺怕不占場兒砌一箇《錦西湖上馬嬌》。〔衆〕奏萬歲爺,怕急不能勾到西湖,何方駐駕?

〔北尾〕〔淨〕呀,急切要畫圖中匹馬把西湖,且迤邐的看花向洛陽道。我呵,少不的把趙康王剩水殘山都占了。

線大長江扇大天,　譚峭　旌旗遙拂雁行偏。　司空圖　可勝飲盡江南酒?　張祐　交割山川直到燕。　王建

第十六齣　詰病

〔三登樂〕〔老旦上〕今生怎生?偏則是紅顏薄命,眼見的孤苦仃俜。〔泣介〕掌上珍,心頭肉,淚珠兒暗傾。天呵,偏人家七子團圓,一箇女孩兒廝病。〔清平樂〕「如花嬌怯,合得天饒借。風雨於花生分劣,作意十分淩藉。止堪深閣重簾,誰教月榭風檐。我髮短迴腸寸斷,眼昏眸淚雙淹。」老身年將半百,單生一女麗娘。因何一病,起倒半年?看他舉止容談,不似風寒暑濕。中間緣故,春香必知,則問他便了。〔貼上〕有哩。我「眼裏不逢乖小使,掌中擎著箇病多嬌。得知堂上夫人召,剩酒殘脂要咱消」。春香叩頭。〔老旦〕小姐閒常好好的,纔著你賤才伏侍他,不上半年,偏是病害。可惱,可惱!且問近日茶飯多少?

〔駐馬聽〕〔貼〕他茶飯何曾,所事兒休提,叫懶應。看他嬌啼隱忍,笑諳迷廝,睡眼懵憕。〔老旦〕早早稟請太醫了。〔貼〕春香不知,道他一枕秋清,卻怎生還害的是春前病。則除是八法針針斷軟綿情。怕九還丹丹不的腌臢證。〔老旦〕是什麼病?〔貼〕〔老旦哭介〕怎生了。

步氏亭

第十六場
第十五場

〈三〉

中國古典四大名著

牡丹亭

第十六齣　第十七齣

一三

中國古典四大名劇

【前腔】他一搦身形，瘦的龐兒沒了四星。都是小奴才逗他。大古是煙花惹事，鶯燕成招，雲月知情。賤才還不跪！取家法來。〔貼跪介〕春香實不知道。〔老旦〕因何瘦壞了玉聘婷，你怎生觸損了他嬌情性？〔貼〕小姐好好的拈花弄柳，不知因甚病了。〔老旦惱，打貼介〕打你這牢承，嘴骨棱的胡遮映。〔貼〕夫人休閃了手。容春香訴來。便是那一日遊花園回來，夫人撞到時節，說箇秀才手裏折的柳枝兒，要小姐題詩。小姐說這秀才素昧平生，也不和他題了。〔老旦〕不題罷了。後來？〔貼〕後來那、那、那秀才就一拍手把小姐端端正正抱在牡丹亭上去了。〔老旦〕他去怎的？〔貼〕春香怎得知。小姐做夢裏。〔老旦驚介〕是夢麼？〔貼〕是夢。〔老旦〕這等著鬼了。快請老爺商議。〔貼〕老爺有請。〔外上〕〔老旦見介〕老爺聽講：

【前腔】說起心疼，這病知他是怎生。看他長眠短起，似笑如啼，有影無形。原來女兒到後花園遊了。夢見一人手執柳枝，閃了他去。〔作嘆介〕怕腰身觸污了柳精靈，虛囂側犯了花神聖。老爺呵，急與禳星，怕流星趕月相刑進。〔外〕卻還來。我請陳齋長教些要他拘束身心。你為母親的，倒縱他閒遊。〔笑介〕則是些日炙風吹，傷寒流轉。便要禳解，不用師巫，則叫紫陽宮石道婆誦些經卷可矣。古語云：「信巫不信醫，一不治也。」我已請過陳齋長看他脈息去了。〔老旦〕看甚脈息。若早有了人家，敢沒這病。〔外〕咳，古者男子三十而娶，女子二十而嫁。我兒點點年紀，知道箇什麼呢？〔老旦〕則是你為母的呵，真珠不放在掌中擎，因此嬌花

【前腔】忒恁憨生，一箇哇兒甚七情！則不過往來潮熱，大小傷寒，急慢風驚。〔丑扮院公上〕人來大庾嶺，船去鬱孤臺。稟老爺，不奈這心頭病，無奈這心頭病。〔泣介〕〔合〕兩口丁零，告天天，半邊兒是咱全家命。有使客到。

【尾聲】〔外〕俺為官公事有期程。夫人，好看惜女兒身命，少不的人向秋風病骨輕。〔外、丑下〕〔老旦〕「無官一身輕，有子萬事足。」我看老相公則為往來使客，把女兒病都不瞧。好傷懷也。〔泣介〕想起來一邊叫石道婆禳解，一邊教陳教授進下藥。知他效驗如何？正是：「世間只有娘憐女，天下能無卜與醫！」〔下〕

柳起東風惹病身，　李紳　　舉家相對卻沾巾。　劉長卿
遍依仙法多求藥，　張籍　　會見蓬山不死人。　項斯

第十七齣　道觀

【風入松】〔淨扮老道姑上〕人間嫁娶苦奔忙，只為有陰陽。問天天從來不具人身相，只得來道扮男妝，屈指有四旬之上。〔集唐〕紫府空歌碧落寒，李羣玉　竹石如山不敢安，杜甫。長恨人心不如石，劉禹錫　每逢佳處便思想……要還俗，《百家姓》上有俺一家，《千字文》中有俺數句。天呵，非是俺「求古尋論」，恰正是「史魚秉直」。俺幾輩兒「林皋幸即」。生下俺「形端表正」，那些「性靜情逸」。那些兒正好叉著口，「鉅野洞庭」；偏和你滅了縫，「昆池碣石」。雖則石路上可以「路俠槐卿」，聒噪俺「我藝黍稷」？難道嫁人家「空谷傳聲」？則好守娘家「孝當竭力」。可奈不由人「諸姑伯叔」，聒噪俺「入奉母儀」。母親因何住在這「樓觀飛驚」？打併的「勞謙謹勅」。看修行似「福緣善慶」，論因果是「禍因惡積」。有甚麼「榮業所基」？俺說你內才兒雖然「守真志滿」，外像兒「毛施淑姿」，是人家有箇「上和下睦」，偏你石二姐沒箇「夫唱婦隨」？便請了箇有口齒的媒人，「信使可覆」。許了箇大鼻子的女婿，「器欲難量」。則見不多時，那人家下定了。說道選擇了一年上「日月盈昃」，配定了八字兒「辰宿列張」。他過的禮，「金生麗水」，俺上了轎，「玉出崑岡」。遮臉的「紈扇圓潔」，引路的「銀燭輝煌」。那新郎好不打扮的頭直上「高冠陪輦」。咱新人一般排比了腰兒下「束帶矜莊」。請了些「親戚故舊」，半路上「接杯舉觴」。請新人「升階納陛」，叫女伴們「侍巾帷房」。合巹的「弦歌酒讌」，撒帳的「詩讚羔羊」。把俺做新人嘴臉兒一寸寸「鑑貌辨色」，將俺那寶妝奩一件件都「寓目囊箱」。早是二更時分，新郎緊上來替俺說，俺兩口兒活像「鳴鳳在竹」，一時間就要「白駒食場」。則見被窩兒「蓋此身髮」，燈影裏褪盡了這幾件了。天呵，瞧了他那「驢騾犢特」，教俺好一會「悚懼恐惶」。那新郎見我害怕，說道「新人，你年紀不少了，乃服衣裳」。俺聽了口不應，心兒裏笑著。新郎，新郎，任你「矯手頓足」，閏餘成歲」。俺可也不使狠，和你慢慢的「律呂調陽」。你可也「靡恃己長」。三更四更了，他則待陽臺上「雲騰致雨」，怎生巫峽內「露結為霜」？他一時摸不出路數兒，道是怎的？快取亮來。側著腦要「右通廣內」，踏著眼在「籃筍象牀」。那時節俺口不說，心下好不冷笑，新郎，新郎，

中國古典四大名著

牡丹亭

第十六回
第十七回

二三

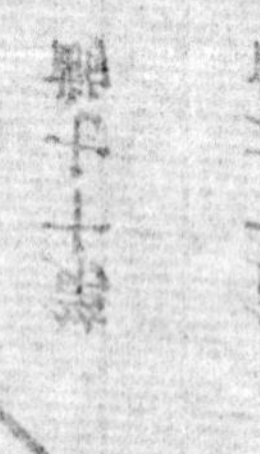

俺這件東西，則許你「徘徊瞻眺」。如此者幾度了，惱的他氣不分的嘴勞刀「俊乂密勿」，累的

他鑿不竅皮混沌的「天地玄黃」。和他整夜價則是「適口充腸」。若還用刀鑽，用線藥，「豈敢毀傷」？便攘做赶了交「索居閒處」，甚法兒取他意「悅豫且康」？有了，有了，免

他沒奈何央及煞後庭花「背邙而洛」，俺也則得且隨順乾荷葉，和他「秋收冬藏」。哎喲，對面兒做的箇「女慕貞潔」，要

轉腰兒到時做了「男效才良」。雖則暫時間「釋紛利俗」，和他「四大五常」。要留俺怕誤了他「嫡後嗣續」，省

嫁了俺怕人笑「飢厭糟糠」。這時節俺也索勸他了：官人，少不得請一房「妾御績紡」，省不的你「寵增抗極」，反撦去俺爲正的「率賓

俺情願「推位讓國」，則要你「得能莫忘」。

歸王。不怨他，只「省躬譏誡」。出了家罷，俺則「垂拱平章」。若論這道院裏，昔年也不甚「宮殿盤鬱」；到老身，把齋素也是「菜重芥薑」。俺老將來「年

纔開關了「宇宙洪荒」。畫真武「劍號巨闕」，步北斗「珠稱夜光」。奉香供「果珍李柰」，把齋素也是「菜重芥薑」。

世間味識得破「海鹹河淡」，人中網得出「鱗潛羽翔」。俺這出了家呵，把幾年前做新郎的奧秕想浴「骸垢想浴」，

將俺即世裏做老婆的乾柴火「執熱願涼」。則可惜做箇人兒？也都則是「沈默寂寥」，全不會「箋牒簡要」。赴會的都要「具膳

餐飯」，行腳的也要「老少異糧」。怎生觀中再沒箇人兒？也都則是「遊鵾獨運」，也要知觀的「顧答審詳」。

矢每催，鏡兒裏「晦魄環照」。硬配不上仕女圖「馳譽丹青」，也要接得著仙真傳「堅持雅操」。懶雲遊「東西二京」，俺守著

端一味「坐朝問道」。女冠子有幾箇「同氣連枝」，騷道士不與他「工顰妍笑」。怕了他暗地虎「布射遼丸」，則守著

寒水魚「釣巧任釣」。使喚的只一箇「猶子比兒」。叫做癩頭黿「愚蒙等誚」。俺可也「散慮逍遙」，不用你這般「虛輝朗耀」。

好不差。「殆辱近恥」，到誇獎你「並皆佳妙」。杜太爺皂隸拏姑娘哩。

〔淨〕咳，便道那府牌來「杜薰鍾隸」，把俺做女妖看「誅斬賊盜」。俺可也「散慮逍遙」，不用你這般「虛輝朗耀」。

〔丑扮府差上〕〔承差府堂上，提名仙觀中。〕〔見介〕〔淨〕府牌哥爲

〔丑〕府主坐黃堂，夫人傳示，衙內敲梆。知他小姐年多長，染一疾，半年光。〔淨〕俺不是女科。〔丑〕請你修齋，

【大迓鼓】〔丑〕府主坐黃堂，夫人傳示，衙內敲梆。知他小姐年多長，染一疾，半年光。〔淨〕俺不是女科。〔丑〕請你修齋，

一會祈禳。

牡丹亭

第十七齣
第十八齣

一四

中國古典四大名劇

【前腔】〔淨〕俺仙家有禁方。小小靈符，帶在身傍。教他刻下人無恙。〔丑〕有這等靈符！快行動些。〔行介〕〔淨〕叫童兒。

〔淨〕好看守，臥雲房。殿上無人，仔細燈香。〔內〕知道了。

〔內應介〕〔淨〕好看守，臥雲房。

【前腔】〔淨〕俺仙家有禁方。小小靈符，帶在身傍。教他刻下人無恙。

〔淨〕紫微宮女夜焚香，　王建　〔丑〕古觀雲根路已荒。　釋皎然　〔淨〕猶有真妃長命縷，　司空圖　〔丑〕九天無事莫推忙。

曹唐

第十八齣　診祟

【江風】〔貼扶病旦上〕〔旦〕病迷廝。爲甚輕憔悴？打不破愁魂謎。夢初回，燕尾翻風，亂颯起湘簾翠。春去偌多時，春去偌多時，

花容只顧衰。井梧聲刮的我心兒碎。〔行香子〕春香呵，我「楚楚精神，葉葉腰身，能禁多病逡巡」！〔貼〕你星星措與，種種生成，

有許多嬌，許多韻，許多情。〔旦〕咳，咱弄梅心事，那折柳情人，夢淹漸暗老殘春。〔貼〕正好簟爐香午，枕扇風清。知爲誰颦，

爲誰瘦，爲誰疼？」〔旦〕春香，我自春遊一夢，臥病如今。不癢不疼，如癡如醉。知他怎生？〔貼〕小姐，夢兒裏事，想他則甚！

〔旦〕你教我怎生不想呵！

【金落索】貪他半晌癡，賺了多情泥。待不思量，怎不思量得？就裏暗銷肌，怕人知。嗽腔腔嫩喘微。哎喲，我這慣淹煎的樣

子誰憐惜？自喉窄的春心怎的支？心兒悔，悔當初一覺留春睡。〔貼〕老夫人替小姐沖喜。〔旦〕信他沖的箇甚喜？到的年時，

敢犯殺花園內？

牡丹亭

第十八齣

第十九齣

一四

講《毛詩》，這病便是「君子好求」上來的。〔末〕是那一位君子？〔貼〕知他是那一位君子。〔末〕這般說，《毛詩》病用《毛詩》去醫。那頭一卷就有女科聖惠方在裏。〔貼〕師父，可記的《毛詩》上方兒？〔末〕便依他處方。小姐害了「君子」的病，用的史君子。《毛詩》：「既見君子，云胡不瘳？」這病有了君子抽一抽，就抽好了。〔旦羞介〕哎也！〔貼〕還有甚藥？〔末〕酸梅十箇。〔末〕還有呢？〔貼〕《詩》云：「摽有梅，其實七兮。」又說：「其實三兮。」三箇打七箇，是十箇。此方單醫男女過時思酸之病。〔旦嘆介〕

〔末〕天南星三箇，是依方。「三星在天。」專醫男女及時之病。〔旦〕還有呢？〔末〕俺看小姐一肚子火，你可抹淨一箇大馬桶，當歸，瀉下他火來。這也是依方。「之子於歸，言秣其馬。」〔貼〕做的按月通經陳媽媽。〔旦〕師父不可執方，還是診脈為穩。〔末看脈，錯按旦手背介〕〔貼〕師父，討箇轉手。〔末〕女人反此背看之，正是王叔和《脈訣》。也罷，順手看是。〔診脈介〕呀，小姐脈息，到這箇分際了。

【金索挂梧桐】他人才悴整齊，脈息恁微細。小小香閨，為甚傷憔悴？〔起介〕春香呵，似他這傷春怯夏肌，好扶持。病煩人容易傷秋意。小姐，我去咀藥來。〔旦嘆介〕師父，少不得情栽了窮髓針難人，病躲在煙花你藥怎知？〔泣介〕承尊覷，何時何日來看這女顏回？〔合〕病中身怕的是驚疑。且將息，休煩絮。〔旦〕師父且自在。送不得你了。可曾把俺八字推算麼？

〔末〕算來要過中秋好。「當生止有八箇字，起死曾無三世醫。」〔旦〕師父且自在。〔下〕〔貼〕一箇道姑走來了。〔淨上〕「不聞弄玉吹簫去，又見嫦娥竊藥來。」自家紫陽宮石道姑。承夫人命，替小姐禳解。不知害的甚病？〔貼〕小姐襪解。〔淨〕為誰來？〔貼〕你自問他去。〔淨見旦介〕〔淨〕紫陽宮石道姑。夫人有召，替小姐保禳。聞說小姐在後花園著魅，

〔淨舉五指，貼搖頭介〕〔淨舉五指，貼又搖頭介〕〔淨〕咳，你說是三是五，與他做主。〔貼〕你自問他去。

【前腔】你惺惺的怎著迷？設設的渾如魅。

我不信。

邊帶有箇小符兒。〔取旦釵挂小符，作咒介〕赫赫揚揚，日出東方。此符屏卻惡夢，辟除不祥。急急如律令敕。〔插釵介〕

〔旦作魘語介〕我的人那。〔淨、貼背介〕你聽他唸唸呢呢，作的風風勢。是了，身

〔旦醒介〕咳，這符敢不中？我那人呵，須不是依花附木廉纖鬼。咱做的弄

這釵頭小篆符，眠坐莫教離。把閒神野夢都迴避。〔淨〕再癲時，請箇五雷打他。〔旦〕些兒意，正待攜雲握雨，你卻用掌心雷。〔合〕還分明說與，起箇

團風抹媚癡。〔淨〕道家妝束厭禳時。薛能　如今不在花紅處，僧懷濟　為報東風且莫吹。

三丈高咒旛兒。〔旦〕待說箇什麼子好？

【尾聲】依稀則記的箇柳和梅。姑姑，你也不索打符椿挂竹枝，則待我冷思量，一星星咒向夢兒裏。〔貼扶旦下〕

〔貼〕綠慘雙蛾不自持，步非煙　〔淨〕道家妝束厭禳時，

李涉

第十九齣　牝賊

【北點絳唇】〔淨扮李全引眾上〕世擾羶風，家傳雜種。刀兵動，這賊英雄，比不的穿墻洞。

自家李全是也。本貫楚州人氏。身有萬夫不當之勇。南朝不用，去而為盜。以五百人出沒江淮之間，正無歸著。所幸大金皇帝，遙封俺為溜金王。央我騷擾淮揚，看機進取。奈我多勇少謀。所喜妻子楊氏娘娘，能使一條梨花鎗，萬人無敵。夫妻上陣，大有威風。則是娘娘有些喫酸，但是擄的婦人，都要送他帳下。便是軍士們，都只畏懼他。正是：

「山妻獨霸蛇吞象，海賊封王魚變龍。」

【番卜算】〔丑扮楊婆持鎗上〕百戰惹雌雄，血映燕支重。〔舞介〕一枝鎗灑落花風，點點梨花弄。〔見舉手介〕大王千歲。奴家介胄在身，不拜了。〔淨〕娘娘，你可知大金皇帝，封俺做溜金王？〔丑〕怎麼叫做溜金王？〔淨〕溜者順也。〔丑〕封你何事？〔淨〕央俺騷擾淮揚三年。待俺兵糧齊集，一舉渡江，滅了趙宋。那時還封俺為帝哩！〔丑〕有這等事！恭喜了。借此號令，買馬招軍。

【前腔】聚糧收眾。選高蹄戰馬青驄。閃盔纓斜簇玉釵紅。〔合前〕

【六幺令】如雷喧闐，緊轅門畫鼓鼕鼕。哨尖兒飛過海雲東。〔合〕好男女，坐當中，淮揚草木都驚動。

【前腔】〔淨〕蝟雄競起向前朝，杜甫　〔丑〕折戟沉沙鐵未銷。杜牧　平原好牧無人放，曹唐　白草連天野火燒。王維

第二十齣　鬧殤

牡丹亭

第十六出

第十八出

（一五）

中国古典四大名剧

〔貼上〕【金瓏璁】連宵風雨重，多嬌多病愁中。仙少效，藥無功。「顰有爲顰，笑有爲笑。不顰不笑，哀哉年少。」春香侍奉小姐，傷春病到深秋。今夕中秋佳節，風雨蕭條。小姐病轉沈吟，待我扶他消遣。正是：「從來雨打中秋月，更值風搖長命燈。」〔下〕

〔貼扶病旦上〕【鵲僑仙】拜月堂空，行雲徑擁，骨冷怕成秋夢。世間何物似情濃？整一片斷魂心痛。〔旦〕「枕函敲破漏聲殘，似醉如呆死不難。一段暗香迷夜雨，十分清瘦怯秋寒。」春香，病境沈沈，不知今夕何夕？〔貼〕八月半了。〔旦〕哎也，是中秋佳節哩。老爺，奶奶，都爲我愁煩，不曾玩賞了？〔貼〕這都不在話下了。〔旦〕聽見陳師父替我推命，要過中秋。看看病勢沈，今宵欠好。你爲我開軒一望，月色如何？〔貼開窗，旦望介〕

〔旦〕【集賢賓】海天悠，問冰蟾何處湧？玉杵秋空，憑誰竊藥把嫦娥奉？甚西風吹夢無蹤！人去難逢，須不是神挑鬼弄，在眉峯，心坎裏別是一般疼痛。〔旦悶介〕

〔貼〕【前腔】甚春歸無端廝和哄，霧和煙兩不玲瓏。算來人命關天重，會消詳、直恁懵懂。爲著誰儂，俏樣子等閒拋送？待我說他。姐姐，月上了。月輪空，照蘸破你一林幽夢。〔旦望嘆介〕「輪時盼節想中秋，人到中秋不自由。奴命不中孤月照，殘生今夜雨中休。」

【轉林鶯】你好中秋月兒誰受用？剪西風淚梧桐。楞生瘦骨加沈重。趕程期是那天外哀鴻。草際寒螿，撒剌剌紙條窗縫。〔旦驚作昏介〕

〔貼鶯介〕【前腔】冷鬆鬆，軟兀剌四梢難動。〔貼〕小姐冷厥了。夫人有請。〔老旦上〕「百歲少憂夫主貴，一生多病女兒嬌。」我的兒，病體怎生了？〔貼〕奶奶，欠好，欠好。〔老旦〕可怎了！

〔旦醒介〕【轉林鶯】甚飛絲繾綣的陽神動，弄悠揚風馬叮咚。〔泣介〕娘，兒拜謝你了。〔拜跌介〕從小來覷的千金重，不孝女娟娟雛鳳。一場空，是這答裏把娘兒命送。

【前腔】不隄防你後花園閒夢銃，不分明再不惺忪，睡臨侵打不起頭梢重。〔泣介〕恨不呵早早乘龍。夜夜孤鴻，活害殺俺翠娟娟雛鳳。一場空，是這答裏把娘兒命送。

〔旦泣介〕【玉鶯兒】旅櫬夢魂中，盼家山千萬重。〔老旦〕便速也去。〔旦〕是不是聽女孩兒一言。這後園中一株梅樹，兒心所愛。但葬我梅樹之下可矣。〔老旦〕這是怎的來？〔旦〕做不的病嬋娟桂窟裏長生，則分的粉骷髏向梅花古洞。〔老旦泣介〕看他強扶頭淚濛，冷淋心汗傾，不如我先他一命無常用。〔合〕恨蒼穹，妒花風雨，偏在月明中。〔老旦〕還去與爹講，廣做道場也。兒，「銀蟾護搗君臣藥，紙馬重燒子母錢。」〔下〕〔旦〕春香，咱可有回生之日否？

〔貼〕姐姐寬心。你如今不幸，葬我之後，盛著紫檀匣兒，藏在太湖石底，裹過老爺，但是姓梅姓柳秀才，招選一箇，同生同死，可不美哉！直那人知重。〔貼〕怕等不得了。〔旦〕不好了，不好了，老爺奶奶快來。

〔老旦〕【前腔】並無兒，蕩得箇嬌香種，繞娘前笑眼歡容。但成人索把俺高堂送。恨天涯老運孤窮，兒呵，暫時間月直年空，孝順無終。娘呵，此乃天之數也。當今生花開一紅，願來生把萱椿再奉。〔衆泣介〕〔合〕恨西風，一霎無端碎紙條窗縫。〔旦〕娘，你女兒不幸，作何處置？〔老旦〕奔你回去也。兒！返將息你這心煩意冗。〔合前〕

〔外、老旦上〕【憶鶯兒】鼓三鼕，愁萬重。冷雨幽窗燈不紅。聽侍兒傳言女病凶。〔貼泣介〕我的小姐，小姐！〔外、老旦同泣介〕我的兒呵，你捨的命終，拋的我途窮。當初只望把爹娘送。〔合〕恨忽忽，萍蹤浪影，風剪了玉芙蓉。〔旦作醒介〕〔外〕快蘇醒！兒，爹在此。〔旦作看外介〕哎喲，爹爹扶我中堂去罷。〔外〕扶你也，兒。〔扶介〕

〔貼〕他一星星說向咱傷情重。〔合前〕哎喲，哎喲！〔旦昏介〕不好了，不好了，老爺奶奶快來！

【尾聲】〔旦〕怕樹頭樹底不到的五更風，和俺小墳邊立斷腸碑一統。爹，今夜是中秋。〔外〕是中秋也，兒。〔旦〕禁了這一夜雨。〔嘆介〕怎能勾月落重生燈再紅！〔並下〕〔貼哭上〕我的小姐，我的小姐，「天有不測之風雲，人有無常之禍福。」我小姐一病傷春死了。痛殺了我家老爺、我家奶奶。列位看官們，怎了也！待我哭他一會。

【紅衲襖】小姐，再不叫咱把領頭香心字燒，再不叫咱把剔花燈紅淚繳，再不叫咱拈花側眼調歌鳥，再不叫咱轉鏡移肩和你點絳桃。想著你夜深深放剪刀，曉清清臨畫藥。提起那春容，被老爺看見了，怕奶奶傷情，分付殉了葬罷。俺想小姐臨終之言，依舊向湖山石兒靠也，怕等得箇拾翠人來把畫粉銷。老姑姑，你也來了。〔淨上〕你哭得好，我也來幫你。

【前腔】春香姐，再不教你煖朱唇學弄簫。〔貼〕爲此。〔淨〕再不要你蕩湘裙閒鬥草。〔貼〕便是。〔淨〕小姐不在，春香姐也鬆泛多少。〔貼〕怎見得？〔淨〕再不要你冷溫存熱絮叨，再不要你夜眠遲、朝起的早。〔貼〕這也慣了。〔淨〕還有省氣的所在。雞眼睛不用你做嘴兒挑，馬子兒不用你隨鼻兒倒。〔貼啐介〕〔淨〕還一件，小姐青春有了，沒時間做出些兒也，那老夫

人呵，少不的把你後花園打折腰。〔貼〕休胡說！老夫人來也。〔老旦哭介〕我的親兒，

【前腔】每日遶娘身有百十遭，並不見你向人前輕一笑。他背熟的班姬《四誡》從頭學，不要得孟母三遷把氣淘。也愁他軟苗條忒恁嬌，誰料他病淹煎真不好。〔哭介〕從今後誰把親娘叫也，一寸肝腸做了百寸焦。〔老旦悶倒，貼驚叫介〕老爺，痛殺了奶奶也。快來，快來！〔外哭上〕我的兒也，呀，原來夫人悶倒在此。

【前腔】夫人，不是你坐孤辰把子宿囂，則是我坐公堂冤業報。較不似老倉公多女好。撞不著賽盧醫他一病蹻。天，天，似俺頭白中年呵，便做了大家緣何處消？見放著小門楣生折倒！夫人，你且自保重。便做你寸腸千斷了也，則怕女兒呵，他望帝魂歸不可招！〔丑扮院公上〕「人間舊恨驚鴉去，天上新恩喜鵲來。」稟老爺，朝報高陞。〔外看報介〕吏部一本，奉聖旨：「金冠南窺，南安知府杜寶，可陞安撫使，鎮守淮揚。即日起程，不得違誤。欽此。」〔嘆介〕夫人，朝旨催人北往，女喪不便西歸。院子，請陳齋長講話。〔五〕老相公有請。〔末上〕「彭殤真一壑，吊賀每同堂。」〔見介〕〔外〕陳先生，小女長謝你了。〔末哭介〕正是。苦傷小姐仙逝，陳最良四顧無門。所喜老公相喬遷，陳最良一發失所。〔衆哭介〕〔外〕陳先生有事商量。學生奉旨，不得久停。因小女遺言，就葬後園梅樹之下，又恐不便後官居住，已分付割取後園，起座「梅花庵觀」，安置小女神位。就著這石道姑焚修看守。那道姑可承應的來？〔淨跪介〕老道婆添香換水。但往來看顧，還得一人。〔老旦〕就煩陳齋長爲便。〔末〕老夫人有命，情願效勞。〔老旦〕老爺，須置些祭田纔好。〔外〕有漏澤院二頃虛田，撥資香火。〔末〕這漏澤院田，就漏在生員身上。〔淨〕咱號道姑，堪收稻穀。你是陳絕糧，漏不到你。〔末〕秀才口喫十一方，你是姑姑，我還是孤老，偏不該我收糧？〔外〕不消爭，陳先生收給。陳先生，我在此數年，優待學校。〔末〕都知道。〔末〕便是老公相高陞，舊規有諸生遺愛記、生祠碑文，到京伴禮送人爲妙。〔淨〕陳絕糧，遺愛記是老爺遺下與令愛作表記麼？〔末〕是老公相政跡歌謠。什麼「令愛」！〔淨〕怎麼做生祠？〔末〕大祠宇塑老爺像供養，門上寫著：「杜公之祠」。〔淨〕這等不如就塑小姐在傍，我普同供養。〔外惱介〕胡說！但是舊規，我通不用了。

【意不盡】陳先生，老道姑，咱女墳兒三尺暮雲高，老夫妻一言相靠。不敢望時時看守，則清明寒食一碗飯兒澆。

〔外〕魂歸冥漠魄歸泉，（朱褒）〔老〕使汝悠悠十八年。（曹唐）〔末〕一叫一回腸一斷，（李白）〔合〕如今重說恨綿綿。（張籍）

第二十一齣　謁遇

【光光乍】〔老旦扮僧上〕一領破袈裟，香山嶼裏巴。多生多寶多菩薩，多多照證光光乍。小僧廣州府香山嶼多寶寺一箇住持。這寺原是番鬼們建造，以便迎接收寶官員。茲有欽差苗爺任滿，祭寶於多寶菩薩位前，不免迎接。

【挂真兒】〔淨扮苗舜賓，末扮通事，外、貼扮皂卒，丑扮番鬼上〕半壁天南開海汊，向真珠窟裏排衙。越人自貢珊瑚樹，漢使何勞獬豸冠？〔僧接介〕〔合〕廣利神王，善財天女，聽梵放海潮音下。〔淨〕「銅柱珠崖道路難，伏波橫海舊登壇。」使臣苗舜賓便是。三年任滿，例當祭賽多寶菩薩。通事那裏？〔末見介〕〔丑見介〕〔老旦見介〕〔淨〕叫通事，分付番回獻寶。〔末〕俱已陳設。〔淨起看寶介〕奇哉寶也。真乃磊落山川，精熒日月。多寶寺不虛名矣！看香。〔內鳴鐘，淨禮拜介〕

【亭前柳】〔淨〕三寶唱三多，七寶妙無過。莊嚴成世界，光彩遍娑婆。甚多，功德無邊闊。〔合〕領拜南無，多得寶，寶多羅多羅。

〔淨〕和尚，替番回海商，祝贊一番。

【前腔】〔老旦〕大海寶藏多，船舫遇風波。商人持重寶，險路怕經過。剎那，念彼觀音脫。〔合前〕

【挂真兒】〔生上〕望長安西日下，偏吾生海角天涯。愛寶的喇嘛，抽珠的佛法，滑琉璃兩下難拏。自笑柳夢梅，一貧無賴，棄家而遊。幸遇欽差寺中祭寶，託詞進見。儻言語中間，可以打動，得其賑援，亦未可知。〔見外介〕〔生〕煩大哥通報一聲。廣州府學生員柳夢梅，來求看寶。〔報介〕〔淨〕朝廷禁物，那許人觀。既係斯文，權請相見。〔見介〕〔生〕「南海開珠殿。」〔淨〕「西方掩玉門。」〔生〕剖懷侯知已。〔淨〕照乘接賢人。〔淨笑介〕即逢南土之珍，何惜西崑之秘。請試一觀。〔淨引生看寶介〕〔生〕明珠美玉，小生見而知之。其間數種，未委何名？煩老大人一一指教。

【駐雲飛】〔淨〕這是星漢神砂，這是煮海金丹和鐵樹花。少什麼貓眼精光射，母碌通明差。嗏，這是鞴鞨柳金芽，這是溫涼玉斝，這是吸月的蟾蜍，和陽燧、冰盤化。〔生〕我廣南有明月珠，珊瑚樹。〔淨〕徑寸明珠等讓他，便是幾尺珊瑚碎了他。〔生〕小生不遊大方之門，何因睹此！

【前腔】天地精華，偏出在番回到帝子家。稟問老大人，這寶來路多遠？〔淨〕有遠三萬里的，至少也有一萬多程。〔生〕這般遠，

牡丹亭

第二十一齣

第二十齣　　中國古典四大名著

可是飛來、走來？〔淨笑介〕那有飛走而至之理。都因朝廷重價購求，自來貢獻。〔生嘆介〕老大人，這寶物蠢爾無知，三萬里之外，尚然無足而至；生員柳夢梅，滿胸奇異，到長安三千里之近，倒無一人購取，有脚不能飛！他重價高懸下，那市舶能姦詐，嗦，浪把寶船撮。〔淨〕疑惑這寶物欠真麼？〔生〕老大人，便是真，飢不可食，寒不可衣，看他似虛舟飄瓦。〔淨〕依秀才說，何爲真寶？〔生〕不欺，小生到是箇真正獻世寶。我若載寶而朝，世上應無價。〔淨笑介〕則怕朝廷之上，這樣獻世寶也多著。〔生〕但獻寶龍宮笑殺他，便鬭寶臨潼也賽得他。〔淨〕這等便好獻與聖天子了。〔生〕寒儒薄相，要伺候官府，尚不能勾。怎見的聖天子？〔淨〕你不知到是聖天子好見。〔生〕則三千里路資難處。〔淨〕一發不難。古人黃金贈壯士，我將衙門常例銀兩，助君遠行。〔生〕果爾，小生無父母妻子之累，就此拜辭。〔淨〕左右，取書儀，看酒。〔丑上〕「廣南愛喫荔枝酒，直北偏飛榆莢錢。」酒到，書儀在此。〔淨〕路費先生收下。〔生〕謝了。〔淨送酒介〕

【三學士】你帶微醺走出這香山罅，向長安有路榮華。〔生〕無過獻寶當今駕，撒去收來再似他。〔合〕驟金鞭及早把荷衣挂，望歸來錦上花。

【前腔】〔生〕則怕呵，重瞳有眼蒼天瞎，似波斯賞鑒無差。〔淨〕由來寶色無真假，只在淘金的會揀沙。〔合前〕〔生〕告行了。

【尾聲】你贈壯士黃金氣色佳。〔淨〕一杯酒酸寒奮發，則願的你呵，寶氣沖天海上槎。

〔生〕烏紗巾上是青天，　李白
〔淨〕俊骨英才氣儼然。　司空圖
〔生〕聞道金門堪濟美，　劉長卿
〔淨〕臨行贈汝繞朝鞭。　張南史

第二十二齣　旅寄

【搗練子】〔生傘、袂、病容上〕人出路，鳥離巢。〔內風聲介〕攬天風雪夢牢騷。這幾日精神寒凍倒。「香山嶴裏打包來，三水船兒到岸開。要寄鄉心值寒歲，嶺南南上半枝梅。」我柳夢梅。秋風拜別中郎，因循親友辭餞。離船過嶺，早是暮冬。不提防嶺北風嚴，感了寒疾，又無掃興而回之理。一天風雪，望見南安。好苦也！

【山坡羊】樹槎牙餓鳶驚叫，嶺迢遙病魂孤吊。破頭巾電打風篩，透衣單傘做張兒哨。路斜抄，急沒箇店兒捎。雪兒呵，偏則把白面書生奚落。怎生冰凌斷橋，步高低蹬著。好了。有一株柳，酬將過去。方便處柳跎腰。〔扶柳過介〕虛囂，盡枯楊命一條。蹺蹺，滑喇沙跌一交。〔跌介〕

【步步嬌】〔末上〕俺是箇臥雪先生沒煩惱。背上驢兒笑，心知第五橋。那裏開年有齋村學！〔生作咳呀介〕〔末〕怎生來人怨語聲高？〔看介〕呀，甚城南破瓦窯，閃下箇精寒料。〔生〕救人，救人！〔末〕聽說救人，那裏不是積福處。俺試問他。〔問介〕你是何等之人，失脚在此？〔生〕水之人，且由他去。〔末〕委是讀書之人，待俺扶起你來。〔扶生，相跌，諢介〕〔末〕請問何方至此？

【風入松】〔生〕五羊城一葉過南韶，柳夢梅來獻寶。〔末〕有何寶貨？〔生〕我孤身取試長安道，犯嚴寒少衾單病了。沒揣的逗著斷橋溪道，險跌折柳郎腰。〔末〕你自揣高中的，方可去受這等辛苦。〔生〕我是箇擎天柱，架海梁。〔末笑介〕卻怎生凍折了擎天柱，撲倒了紫金梁？這也罷了，老夫頗諳醫理。邊近有梅花觀，權將息度歲而行。

【前腔】〔末〕尾生般抱柱正題橋，做倒地文星佳兆。論草包似俺堪調藥，暫將息梅花觀好。〔生〕此去多遠？〔末指介〕看一樹雪垂垂如笑，墻直上繡幡飄。〔末〕這等望先生引進。〔生〕與君相見即相親。

〔生〕三十無家作路人，　薛據
〔末〕與君相見即相親。　王維
〔生〕華陽洞裏仙壇上，　白居易
〔合〕似近東風別有因。　羅隱

第二十三齣　冥判

【北點絳唇】〔淨扮判官，丑扮鬼持筆、簿上〕十地宣差，一天封拜。閻浮界，陽世栽埋，又把俺這裏閻羅王殿下一箇胡判官是也。原有十位殿下，因陽世趙大郎家，和金達子爭占江山，損折衆生，十停去了一停，因此玉皇上帝，照見人民稀少，欽奉裁減事例。九州九箇殿下，單減了俺十殿下之位，印無歸著。玉帝可憐我下官正直聰明，著權管十地獄印信。今日走馬到任，鬼卒夜叉，兩傍刀劍，非同容易也。〔丑捧筆介〕新官到任，都要這筆判刑名，押花字。請新官喝采他一番。〔淨看筆介〕鬼使，捧了這筆，好不干係也。

【混江龍】這筆架在那落迦山外，肉蓮花高聳案前排。捧的是功曹令史，識字當該。〔丑〕筆管兒？〔淨〕筆管兒是手想骨、脚想骨，竹筒般剳的圓滴溜。〔丑〕筆毫？〔淨〕筆毫呵，是牛頭鬢、夜叉髮，鐵絲兒揉定赤支穩。〔丑〕判爺上的選哩？〔淨〕這筆頭公，

牡丹亭

第二十三齣

第二十二齣

一八

中国古典四大名劇

第二十三齣

是遮須國選的人才。〔丑〕有甚名號？〔淨〕這管城子，在夜郎城受了封拜。〔丑〕判爺興哩？〔淨作笑舞介〕嘯一聲，支兀另

漢鍾馗其冠不正。舞一回，〔丑〕喜哩？〔淨〕喜時節，塗河橋題筆兒耍去。〔丑〕悶呵？〔淨〕悶時

節，鬼門關投筆歸來。〔丑〕判爺可上榜來？〔淨〕俺也曾考過風月主，朔望旦名題天榜。〔丑〕可會書來？〔淨〕攝星辰，井鬼宿，

俺可也文會書齋。〔丑〕判爺高才。〔淨〕做弗迭鬼仙才，白玉樓摩空作賦；芙蓉城遇晚書懷。便寫不盡四大洲

轉輪日月，也差的著五瘟使號令風雷。〔丑〕讓誰？〔淨〕判爺見有地分？〔淨〕有地分，則合北斗司，閻浮殿，立俺邊傍；沒衙門，卻怎生

東嶽觀，城隍廟，也塑人左側。〔丑〕點鬼簿在此。〔淨〕便百里城高排些。〔丑〕紗帽古氣些。〔淨〕怎三尺土，

低分氣，十貫鈔，紙陌錢財。〔丑〕讓誰？〔淨〕則見沒掂三展花分魚尾冊，無賞一挂日子虎頭牌。眞乃是鬼董狐落了款，《春

秋傳》某年某月某日下，崩薨葬卒大註腳。假如他支祈獸上了樣，把禹王鼎各山各水各路上，魍魎魑魅細分胛。

〔淨〕看他子時硯，忙忙察察，烏龍蘸眼顯精神。〔丑〕聽丁字牌，冬冬登登，金雞鳴登，鐵樹花開。

大押花。〔丑〕押花字，串出四萬八千三界，有漏人名，烏星砲粲。怎按下筆尖頭，插入一百四十二重無間地獄，鐵樹花開。

〔淨〕哎也，押花字，止不過發落簿到，燒、春、磨一靈兒。〔丑〕少一箇請字。〔淨〕登請書，左則是那虛無堂，

瘰、蠱、膈四正客。〔丑〕吊起稈竿來。〔衆卒應介〕〔淨〕髮稱竿，看業重身輕，衡石程書秦獄吏。〔內作〕叫〔內〕饒也，叫

若也〕介〔丑〕隔壁九殿下拷鬼。〔淨〕肉鼓吹，聽神啼鬼哭，毛鉗刀筆漢喬才。這時節，你便是沒關節包待制，「人厭其笑」。

〔內哭介〕怎聽的無棺槨顏修文，〔子哭之哀〕！〔丑〕判爺害怕哩。〔淨惱介〕哎，《樓炭經》，是俺六科五判。刀

花樹，是俺九棘三槐。臉婁搜，眉剔豎，電目崖崖。少不得中書鬼考，錄事神差。比著陽世那金州判、銀府判、銅司判、

鐵院判，白虎臨官，一樣價打貼刑名催伍作，實則俺陰府裏註淫生，牒化生，准胎生，照卵生，青蠅報赦，十分的磊齊功德轉三

階。威凜凜人間掌命，顫巍巍天上消災。叫掌案的，這簿上開除都也明白。還有幾宗人犯，應該發落了？〔貼扮吏上〕「人間勾

令史，地下列功曹。」稟爺，因缺了殿下，地獄空虛三年。則有枉死城中輕罪男子四名，趙大、錢十五、孫心、李猴兒：女囚一名，

杜麗娘：未經發落。〔淨〕先取男犯四名。〔生、末、外、老旦扮四犯，丑押上〕〔丑〕男犯帶到。〔淨點名介〕趙大有何罪業，

脫在枉死城？〔生〕鬼犯沒甚罪。生前喜歌唱此。〔淨〕一邊去。叫錢十五。〔末〕鬼犯無罪。則是做了一箇小小房兒，沈香泥壁。

〔淨〕一邊去。叫孫心。〔老旦〕鬼犯些小年紀，好使些花粉錢。〔淨〕一邊去。叫李猴兒。〔外〕鬼犯是有些罪，好男風。〔丑〕是真。

〔淨〕俺初權印，〔做寫簿介〕叫鬼犯聽發落。〔四犯同跪介〕〔淨〕趙大喜歌唱，貶做黃鶯兒。〔生〕好了。做鶯鶯小

姐去。〔淨〕錢十五住香泥房子。也罷，准你去燕窠裏受用，做箇小小燕兒。〔末〕恰好做飛燕娘娘哩。〔淨〕孫心使花粉錢，

做箇蝴蝶兒。〔外〕鬼犯便和孫心同做蝴蝶去。〔淨〕你是那好男風的李猴，著你做蜜蜂兒去，屁窟裏長拖一箇鍼。〔外〕哎喲，

被人宰了！〔淨〕也罷，不教陽間宰喫你。〔外〕鬼犯們稟問恩爺，這箇卵是甚麼卵？若是回回卵，又生在邊方去了。

〔淨〕赦你們卵生去去罷。向蛋殼裏走去。〔四犯泣介〕哎。

且不用刑。便在地獄裏，還勾上這小孫兒。〔淨惱介〕誰叫你插嘴！起去伺候。

叫俺釘誰去？〔淨〕四位蟲兒聽分付：

【油葫蘆】蝴蝶呵，你粉版花衣勝翦裁；蜂兒呵，你忒利害，甜口兒咋著細腰揣；燕兒呵，斬香泥弄影鉤簾內；鶯兒呵，溜笙歌

警夢紗窗外。恰好箇花間四友無拘礙。則陽世裏孩子們輕薄，怕彈珠兒撲的壞，不枉了你宜題入畫高人愛，則教

你翅捌兒展將春色鬧場來。〔外〕俺做蜂兒的不來，再來釘腫你箇判腦。〔淨〕討打。

風兒放去，快走快走。〔淨噴氣介〕〔四人做各色飛下〕〔淨做向鬼門噓氣咉聲介〕〔丑帶旦上〕「天台有路難逢俺，地獄無情

欲恨誰？」女鬼見。〔淨擡頭背介〕這女鬼到有幾分顏色！

【天下樂】猛見了蕩地驚天女俊才，咍也麼咍，來俺裏來。〔旦叫苦介〕〔淨〕血盆中叫苦觀自在。

後房夫人。〔淨〕唉，有天條，擅用因婦者斬。則你那小鬼頭胡亂篩，俺判官頭何處買？〔旦叫哎介〕〔淨回身〕是不曾見他粉

油頭忒弄色。叫那女鬼上來。

【那吒令】瞧了你潤風風粉腮，到花臺、酒臺？溜些些短釵，過歌臺、舞臺？笑微微美懷，住秦臺、楚臺？因甚的病患來？是誰

家嫡支派？這顏色不像似在泉臺。〔旦〕女囚不曾過人家，也不曾飲酒，是這般顏色。則爲在南安府後花園梅樹之下，夢見一秀才，

折柳一枝，要奴題詠。留連婉轉，甚是多情。夢醒來沈吟，題詩一首：「他年若傍蟾宮客，不是梅邊是柳邊。」爲此感傷，壞了一命。

〔淨〕謊也。世有一夢而亡之理？

牡丹亭

第二十三齣

【鵲踏枝】一溜溜女嬰孩，夢兒裏能寧耐！誰曾挂圓夢招牌，誰和你拆字道白？哈也麼哈，那秀才何在？夢魂中曾見誰來？[旦]不曾見誰，[末]則見朵朵兒閃下來，好一驚。[淨]喚取南安府後花園花神勘問。[丑叫介][末扮花神上]「紅雨數番春落魄，山香一曲女消魂。」老判大人請了。[舉手介][淨]花神，這女鬼說是後花園花神假充秀才，迷誤人家女子？[末]你說俺著甚迷他來？[淨]他與秀才夢的繾綣，偶爾落花驚醒。這女子慕色而亡。[淨]敢便是你花飛驚閃而亡。可是？[末]是也。[淨]你說俺陰司裏不知道呵！

【後庭花滾】但尋常春自在，恁司花忒弄乖。眨眼兒偷元氣、艷樓臺。克性子費春工、淹酒債。恰好九分態，你要做十分顏色，數著你那胡弄的花色兒來。[末]便數來。碧桃花。[淨]他惹天台。[末]紅梨花。[淨]扇妖怪。[末]金錢花。[淨]下的財。[末]繡毬花。[淨]心事諧。[末]木筆花。[淨]寫明白。[末]水菱花。[淨]宜鏡臺。[末]玉簪花。[淨]堪插戴。[末]薔薇花。[淨]露渲腮。[末]臘梅花。[淨]春點額。[末]翦春花。[淨]羅袂裁。[末]水仙花。[淨]把綾襪揣。[末]燈籠花。[淨]紅影篩。[末]酴醾花。[淨]春醉態。[末]金盞花。[淨]做合巹杯。[末]錦帶花。[淨]做裙褶帶。[末]合歡花。[淨]頭懶擡。[末]楊柳花。[淨]腰恁擺。[末]凌霄花。[淨]陽壯的哈。[末]辣椒花。[淨]把陰熱窄。[末]含笑花。[淨]情要來。[末]紅葵花。[淨]日得他愛。[末]女蘿花。[淨]纏的歪。[末]紫薇花。[淨]癢的怪。[末]宜男花。[淨]人美懷。[末]丁香花。[淨]結半躧。[末]豆蔻花。[淨]含著胎。[末]奶子花。[淨]摸著奶。[末]梔子花。[淨]知趣乖。[末]奈子花。[淨]恣情奈。[末]枳殼花。[淨]好處揩。[末]海棠花。[淨]春困怠。[末]孩兒花。[淨]呆笑孩。[末]姊妹花。[淨]偏妒色。[末]水紅花。[淨]了不開。[末]瑞香花。[淨]誰要採。[末]旱蓮花。[淨]憐再來。[末]石榴花。[淨]可留得在？幾椿兒你自猜。哎，把天公無計策。你道爲甚麼流動了女裙釵，劃地裏牡丹亭又把他杜鵑花魂魄洒？[末]這花色花樣，都是天公定下來的。小神不過遵奉欽依，豈有故意勾人之理？且看多少女色，那有玩花而亡。[淨]你說自來女色，沒有玩花而亡。數你聽著。

【寄生草】花把青春賣，花生錦繡災。有一箇夜舒蓮扯不住留仙帶；一箇海棠絲蔄不斷香囊怪；一箇瑞香風趕不上非煙在。你道花容那箇玩花花亡？可不道你這花神罪業隨花敗。[末]花神知罪，今後再不開花了。[淨]花神，俺這裏已發落過花間四友，付你收管。這女囚慕色而亡，也貶在燕鶯隊裏去罷。[末]稟老判，此女犯乃夢中之罪，如曉風殘月。且他父親爲官清正，單生一女，可以躭饒。[淨]父親是何人？[旦]父親杜寶知府，今陞淮揚總制之職。[淨]千金小姐哩。也罷，杜老先生分上，當奏過天庭，再行議處。[旦]就煩恩官替女犯查查，怎生有此傷感之事？[淨]這事情註在斷腸薄上。[旦]勞再查女犯的文夫，還是姓柳姓梅？[淨]取婚姻簿查來。[作背查介]是。有箇柳夢梅，乃新科狀元也。妻杜麗娘，前係幽歡，後成明配。相會在紅梅觀中。不可泄漏。[回介]有此人和你姻緣之分。我今放你出了枉死城，隨風遊戲，跟尋此人。[末]杜小姐，拜了老判。[旦叩頭介]拜謝恩官，重生父母。則俺那爹娘在揚州，可能勾一見？[淨]使得。

【幺篇】他陽祿還長在，陰司數未該。禁煙花一種春無賴，近柳梅一處情無外。望椿萱一帶天無礙。則這水玻璃堆起望鄉臺，可哨見紙銅錢夜市揚州界？花神，可引他望鄉臺隨意觀玩。[旦隨末登臺，望揚州哭介]那是揚州，俺爹爹奶奶呵，待飛將去。[末扯住介]還不是你去的時節。[淨]下來聽分付。功曹給一紙遊魂路引去，花神休壞了他的肉身也。[旦]謝恩官。

【賺尾】[淨]欲火近乾柴，且留的青山在，不可被雨打風吹日曬。則許你傍月依星將天地拜，一任你魂魄來回。脫了獄省的勾牌，接著活免的投胎。那花間四友你差排，叫鶯窺燕猜，倩蜂媒蝶採，敢守的那破棺星圓夢那人來。[淨下][末]小姐回後花園去來。

[末]醉斜烏帽髮如絲，　許渾　[旦]盡日靈風不滿旗。　李商隱　[淨]年年檢點人間事，　羅鄴　[合]爲待蕭何作判司。　元稹

第二十四齣　拾畫

【金瓏璁】[生上]驚春誰似我？客途中都不問其他。風吹綻蒲桃褐，雨淋殿杏子羅。今日晴和，晒衾單兀自有殘雲涴。「脈脈梨花春院香，一年愁事費商量。不知柳思能多少？打疊腰肢鬮沈郎。」小生臥病梅花觀中，喜得陳友知醫，調理痊可。則這幾日間春懷鬱悶，何處忘憂？早是老姑姑到也。

【一落索】[淨上]無奈女冠何，識的書生破。知他何處夢兒多？每日價欠伸千箇。秀才安穩！[生]日來病患較些，悶坐不過。

牡丹亭

第二十四齣

第二十三齣

二〇　中国古典四大名剧

第二十四齣　休妻

牡丹亭

第二十五齣　第二十六齣

（二）

中國古典四大名劇

第二十五齣　憶女

錢起

[玩仙燈][貼上]觀物懷人，人去物華銷盡。道的箇「仙果難成，名花易隕」。[嘆介]我的麗娘兒也！恨蘭昌殉葬無因，收拾起燭灰香爐。[哭介]子母千迴腸斷繞。繡夾書囊，尚帶餘香裊。割斷[老旦]繡佛靈辰，血淚風前禱。[貼][合]萬里招魂魂可到？則願的人天淨處超生早。[老旦拜介]

怎散真愁？莫說老夫人，便是俺春香想起小姐平常恩養，病裏言詞，好不傷心也。今乃小姐生忌之辰，老夫人分付香燈，遙望南

春香，自從小姐亡過，俺皮骨空存，肝腸痛盡。但見他讀殘書本，繡罷花枝，斷粉零香，餘簪棄履，觸處無非淚眼，見之總是傷心。[貼]夫人，就此望空頂禮。[老旦拜介][集唐]

算來一去三年，又是生辰之日。心香奉佛，分付安排，想已齊備。「微香冉冉淚捐捐　李商隱，酒滴灰香似去年　陸龜蒙。四尺孤墳何處是　許渾？南方歸去再生天　沈佺期。」杜安撫之妻甄氏，敬爲亡女生辰，頂禮佛爺。願得杜麗娘皈依佛力，早早生天。[起介]春香，禱告了佛爺，不免將此茶飯，澆奠小姐。

[香羅帶][老旦]麗娘何處墳？問天難問。夢中相見得眼兒昏，則聽的叫娘的聲和韻也，驚跳起，猛回身，則見陰風幾陣殘燈暈。[哭介]俺的麗娘人兒也，你怎拋下的萬里無兒白髮親！

[前腔][貼拜介]名香叩玉真，受恩無盡，賞春香還是你舊羅裙。[起介]小姐臨去之時，分付春香，長叫喚一聲。今日叫他，「小姐，小姐呵」，叫的一聲聲小姐可曾聞也？[老旦哭介]春香，你可還向舊宅裏重生何處身？[貼跪介]稟老夫人，人到中年，不堪哀毀。小姐難以生易死，夫人無以死傷生。且自調養尊年，與老相公同享富貴。[起介]想他那情切，那傷神，恨天天生割斷俺娘兒直恁忍！

[回介]俺的小姐人兒也，你可知老相公年來因少男兒，常有娶小之意？止因小姐承歡膝下，[貼哭介]稟老夫人，人到中年，不堪哀毀。[老旦]春香，你見人家庶出之子，可如親生？[貼]春香但蒙夫人收養，百事因循。如今小姐喪亡，家門無託。俺與老相公悶懷相對，何以爲情？天呵！[貼]老夫人，春香愚不諫賢，依夫人所言，既然老相公有娶小之意，不如順他，收下一房，生子爲便。尚且非親是親，夫人肯將庶出看成，豈不無子有子？[老旦]好話，好話。

[老]曾伴殘蛾到女兒　徐凝，[貼]白楊今日幾人悲　杜甫。[老旦]好話。[老]須知此恨消難得　溫庭筠，[合]淚滴寒塘蕙草時。

廉氏

第二十六齣　玩真

[生]停，不索老身陪去也。「名園隨客到，幽恨少人知。」[下][生]既有後花園，就此迤邐而去。[行介]這是西廊下了。[行介]好箇蕙翠的籬門，倒了半架。[嘆介][集唐]「憑闌仍是玉闌干　王初，四面墻垣不忍看　張隱。想得當時好風月　韋莊，萬條煙罩一時乾　李山甫。」[到介]呀，偌大一箇園子也。

[好事近]則見風月暗消磨，畫墻西正南側左。[跌介]蒼苔滑擦，倚逗著斷垣低垛，因何蝴蝶門兒落合？原來以前遊客頗盛，題名在竹林之上。客來過，年月偏多，刻畫盡琅玕千箇。咳，早則是寒花遶砌，荒草成窠。怪哉，一箇梅花觀，女冠之流，怎起的這座大園子？好疑惑也。便是這灣流水呵！

[錦纏道]門兒鎖，放著這武陵源一座。怎好處教頹墮！斷煙中見水閣摧殘，畫船拋躲，冷鞦韆尚挂下裙拖。又不是曾經兵火，似這般狼籍呵，敢斷腸人遠、傷心事多？待不關情麼，恰湖山石畔留著你打磨陀。好一座山子哩。[窺介]呀，就裏一箇小匣兒。

衆内

〔生〕曾折教坊海文泉，綵筆…

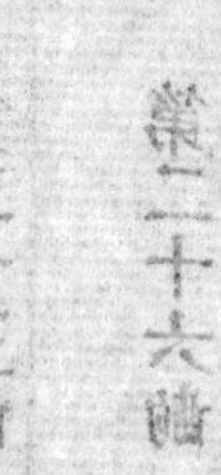
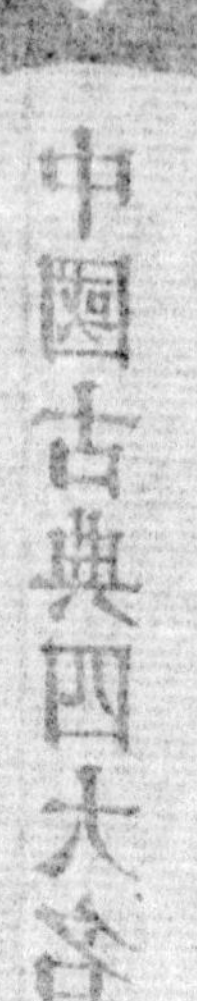

【生上】「芭蕉葉上雨難留，芍藥梢頭風欲收。畫意無明偏著眼，春光有路暗擡頭。」

【黃鶯兒】拾得一軸小畫，似是觀音大士，寶匣莊嚴。風雨淹旬，未能展視。且喜今日晴和，瞻禮一會。【開匣，展畫介】小生客中孤悶，閒遊後園。湖山之下，

怎湘裙直下一對小淩波？是觀音，怎一對小腳兒？待俺端詳一會。【想介】甚威光不上蓮花座？再延俄，

【二郎神慢】些兒箇，畫圖中影兒則度。著了，敢誰書館中吊下幅小嫦娥，畫的這傳停倭妥。是嫦娥，一發該頂戴了。問嫦娥折

桂人有我？可是嫦娥，怎影兒外沒半朵祥雲托？樹皺兒又不似桂叢花瑣？不是觀音，又不是嫦娥，人間那得有此？成驚愕，似曾

相識，向俺心頭摸。待俺瞧，是畫工臨的，還是美人自手描的？

【鶯啼序】問丹青何處最嬌娥，片月影光生豪末？似恁般一箇人兒，早見了百花低躲。多敢他自己能描會。且住，細觀他幀首之上，小字數行。【看介】呀，原來絕句一首。【念介】近睹分明似

儼然，遠觀自在若飛仙。他年得傍蟾宮客，不在梅邊在柳邊。」呀，此乃人間女子行樂圖也。何言「不在梅邊在柳邊」？奇哉怪

事哩！

【簇御林】他能綽幹，會寫作。秀入江山人唱和。待小生很很叫他幾聲：「美人，美人！姐姐，姐姐！」向真真啼血你知麼？叫

的你噴嚏似天花唾。動淩波，盈盈欲下——不見影兒那。咳，俺孤單在此，少不得將小娘子畫像，早晚玩之、拜之、叫之、贊之。

【集賢賓】望關山梅嶺天一抹，怎知俺柳夢梅過？得傍蟾宮知怎麼？待喜呵，端詳停和，俺姓名兒直麼費嫦娥定奪？打麼訶，敢

則是夢魂中真箇。好不回盼小生！

【黃鶯兒】空影落纖娥，動春蕉，散綺羅。春心只在眉間鎖，春山翠拖，春煙淡和。相看四目誰輕可！恁橫波、來迴顧影不住

的眼兒睃。卻怎半枝青梅在手，活似提掇小生一般？

【啼鶯序】他青梅在手詩細哦，逗春心一點蹉跎。小生待畫餅充饑，小姐似望梅止渴。小姐，小姐，未曾開半點幺荷，含笑處

朱唇淡抹，韻情多。如愁欲語，只少口氣兒呵。小娘子畫似崔徽，詩如蘇蕙，行書逼真衛夫人。小子雖則典雅，怎到得這小娘子！

「丹青妙處郤天然，不是天仙即地仙。欲傍蟾宮人近遠，恰些春在柳梅邊。」【題介】

【尾聲】拾的箇人兒先慶賀，敢柳和梅有些瓜葛？小姐小姐，則被你有影無形看殺我。

不須一向恨丹青，　白居易
堪把長懸在戶庭。　伍喬
惆悵題詩柳中隱，　司空圖
添成春醉轉難醒。　章碣

第二十七齣　魂遊

【挂真兒】【淨扮石道姑上】臺殿重重春色上。碧雕闌映帶銀塘。撲地香騰，歸天磬響。細展度人經藏。【集唐】幾年紅粉委

黃泥，雍裕之，十二峯頭月欲低　李涉。折得玫瑰花一朵　李建勳，東風吹上窈娘隄　羅虬。」俺老道姑看守杜小姐墳庵，三年

之上。擇取吉日，替他開設道場，超生玉界。早已門外豎立招幡，看有何人來到。

【太平令】【貼扮小道姑上】嶺路江鄉，一片彩雲扶月上。羽衣青鳥閒來往。【五】天晚，梅花觀歇了罷。【貼】南

枝外有鵲爐香。小道姑乃韶陽郡碧雲庵主是也，遊方到此。見他莊嚴旛引，榜示道場，恰好登壇，共成好事。【見介】【集唐】

學通參　女光。」小姑姑從何而至？【貼】從韶陽郡來，暫此借宿。【淨】東頭房兒，有箇嶺南柳相公養病。則下廂房可矣。【貼】

【大羅天上柳煙含　魚玄機，【淨】你毛節朱旛倚石龕　王維。【貼】見向溪山求住處　韓愈，【淨】好哩，你半垂檀袖

多謝了。敢問今夕道場，為何而設？【淨嘆介】則為「杜衙小姐去三年，待與招魂上九天」。【貼】這等呵！清醮壇場今夜好，

敢將香火助真仙。」【淨】這等卻好。【內鳴鐘鼓介】【眾】請老師父拈香。【淨】南斗註生真妃，東嶽受生夫人殿下，【貼】拈香拜介】

【孝南歌】鑽新火，點妙香。虔誠為因杜麗娘。【眾拜介】香靄繡旛幢，細樂風微颺。仙真呵，威光無量，把一點香魂，早度人

天上。怕未盡凡心，他再作人身想。做兒郎，做女郎，願他永成雙。【淨】想起小姐生前愛花而亡，今日折得殘梅

【前腔】瓶兒淨，春凍陽。殘梅半枝紅蠟裝。小姐呵！你香夢與誰行？精神忒孤往！【眾】老師兄，你說淨瓶像什麼，殘梅像什麼？

【淨】這瓶兒空像，世界包藏，身似殘梅樣，有水無根，尚作餘香想。【眾】小姐，你受此供呵，教你肌骨涼，魂魄香。【眾】這晚齋時分，且喫了齋，收拾道場。

安在淨瓶供養。【拜神主介】

再住這梅花帳？【內風響介】【淨】奇哉怪哉，冷窣窣一陣風打旋也。

正是：「曉鏡拋殘無定色，晚鐘敲斷步虛聲。」【眾下】

【水紅花】【魂旦作鬼聲，掩袖上】則下得望鄉臺如夢俏魂靈，夜熒熒、墓門人靜。【內犬吠，旦驚介】原來是賺花陰小犬吠春星。

冷冥冥，梨花春影，芍藥闌，都荒廢盡。兀的有人聲也囉。呀，轉過牡丹亭，生生死死爲情也罷。奈情何！

【添字昭君怨】昔日千金小姐，今日水流花謝。爹娘去了三年也。這淹淹惜杜陵花，太虧他。生性獨行無那，此夜星前一箇。喜遇老判，哀憐放假。趁此月明風細，隨喜一番。呀，這是書齋後園，怎做了梅花庵觀？好傷感人也。

【小桃紅】咱一似斷腸人和夢醉初醒。誰償咱殘生命也。雖則鬼叢中姊妹不同行，窄地的把羅衣整。這影隨形，風沈露，雲暗斗，月勾星，都是我魂遊境也。

【下山虎】我則見香煙隱隱，燈火焚焚。呀，鋪了些雲霞幔，不由人打箇噲掙。是那位神靈，一霎價心兒疼，原來是東嶽夫人，南斗真妃。（作稽首介）仙真仙真，杜麗娘鬼魂稽首。魍魎地投明證明，好替俺朗朗的超生註生。再看這青詞上，原來就是石道姑在此住持。一壇齋意，度俺生天。道姑道姑，我可也生受你呵。再瞧這淨瓶中，咳，便是俺那家上殘梅哩。梅花呵！

則爲這斷鼓零鐘金字經，叩動俺黃粱境。俺向這地坼裏梅根進幾程。透出些心情，想起爹娘何處，春香何處也？顯的俺鑒知他，就將梅花散在經臺之上。（撒花介）呀，那邊廂有沈吟叫喚之聲，聽怎來？（內叫介）俺的姐姐呵！（旦驚介）再聽。

【醉歸遲】生和死，孤寒命。有情人叫不出情人應。爲什麼不唱出你可人名姓？似俺孤魂獨趁，待誰來叫喚俺一聲。不分明，這

【黑蟆令】不由俺無情有情，湊著叫的人三聲兩聲，冷惺忪紅淚飄零。呀，怕不是夢人兒梅卿柳卿？俺記著這花亭水亭，趁的這風清月清。則這鬼宿前程，盼得上三星、四星？待即行尋趁，奈斗轉參橫，不敢久停呵！

爲甚麼閃搖搖春殿燈？（內叫介）殿上響動。（丑虛上望介）（又作風起介）（旦）一弄兒繡簾飄迴，則這燈是俺杜麗娘身後影。（旦作鬼聲下）（丑打照面，驚叫介）師父們，快來！（淨、貼驚上）（丑）則這燈影熒煌，躲著瞧時，見一位女神仙，袖拂花牆，一閃而去。怕也，怕也！（淨）怎生模樣？（丑打手勢介）這多高，這多大，俊臉兒翠翹金鳳，紅裙綠襖，環珮玎璫，敢是真仙下降？（淨）咳，這便是杜小姐生時樣子。敢是他有靈活現。（貼）呀，你看經臺之上，

亂糝梅花，奇也，異也！大家再祝讚他一番。

【憶多嬌】（眾）風滅了香，月到廊。閃閃屍屍魂影兒涼。花落在春宵情易傷。願你早度天堂，早度天堂，免留滯他鄉故鄉。（貼）敢問杜小姐爲何病亡？以何緣故而來出現？

【尾聲】（淨）休驚恍，免問當。收拾起樂器經堂。你聽波，兀的冷窨窨佩環風還在迴廊那邊響。

（淨）心知不敢輒形相，曹唐（貼）欲話因緣恐斷腸。天竺牧童（丑）若使春風會人意，羅嬅（合）也應知有杜蘭香。羅虬

第二十八齣　幽媾

【夜行船】（生上）瞥下天仙何處也？影空濛似月籠沙。有恨徘徊，無言窨約。早是夕陽西下。「一片紅雲下太清，如花巧笑玉聘婷。儻然夢裏相親，憑誰畫出生香面？對俺偏含不語情。」小生自遇春容，日夜想念。這更蘭時節，破些工夫，吟其珠玉，玩其精神。也當春風一度。（展畫玩介）呀，你看美人呵，神含欲語，眼注微波。真乃「落霞與孤鶩齊飛，秋水共長天一色」。

【香遍滿】晚風吹下，武陵溪邊一縷霞，出落箇人兒風韻殺。淨無瑕，明窗新絳紗。丹青小畫，又把一幅肝腸掛。小姐小姐，則被你想殺俺也。

【懶畫眉】輕輕怯怯一箇女嬌娃，楚楚臻臻像箇宰相衙。想他春心無那對菱花，含情自把春容畫，可想到有箇拾翠人兒也逗著他？

【二犯梧桐樹】他飛來似月華，俺拾的愁天大。常時夜夜對月而眠，這幾夜呵，幽佳，嬋娟隱映的光輝殺。教俺迷留沒亂的心嘈雜，無夜無明快著他。若不爲擎奇怕浣的丹青亞，待抱著你影兒橫榻。想來小生定是有緣也。再將他詩句朗誦一番。（念詩介）對他臉暈眉痕心上掐，有情人不在天涯。小生客居，怎勾姐姐風月中片時相會也。

【浣紗溪】拈詩話，對會家。柳和梅有分兒些。他春心进出湖山罅，飛上煙綃尊綠華。則是禮拜他便了。（拈香拜介）僂倖殺，

【劉潑帽】恨單條不惹的雙魂化，做箇畫屏中倚玉兼霞。小姐呵，你耳朵兒雲鬢月侵芽，可知他一些些都聽的俺傷情話？

【秋夜月】堪笑咱，說的來如戲耍。他海天秋月雲端掛，煙空翠影遙山抹。只許他伴人清暇，怎教人佻達。

【東甌令】俺如念咒，似說法。石也要點頭，天雨花。怎虔誠不降的仙娥下？是不肯輕行踏。（內作風起，生按住畫介）待留仙

水滸傳

第二十八回
第二十九回

二三

中國古典四大名著

怕殺風兒刮，粘嵌著錦邊牙。怕刮損他，再尋箇高手臨他一幅兒。（照介）。

【金蓮子】閒嗻牙，怎能勾他威光水月生臨榻？怕有處相逢他自家，則問他許多情，與春風畫意再無差。再把燈剔起細看他一會。

【隔尾】敢人世上似這天真多則假。（內作風吹燈介）（生）好一陣冷風襲人也。險些兒誤丹青風影落燈花。罷了，則索把紗窗去夢他。（打睡介）（魂旦上）（泉下長眠夢不成，一生餘得許多情。魂隨月下丹青引，人在風前嘆息聲。）妾身杜麗娘鬼魂是也。爲花園一夢，想念而終。當時自畫春容，埋於太湖石下。題有「他年得傍蟾宮客，不在梅邊在柳邊。」誰想魂遊觀中幾晚，聽見東房之內，一箇書生高聲叫：「俺的姐姐，俺的美人。」那聲音哀楚，動俺心魂。悄然奮入他房中，作念猛嗟牙。細玩之，便是奴家遺下春容。後面和詩一首，觀其名字，則嶺南柳夢梅也。梅邊柳邊，豈非前定乎！因而告過了冥府判君，輪此良宵，完其前夢。想起來好苦也。

【朝天懶】怕的是粉冷香銷泣絳紗，又到的高唐館玩月華。猛回頭羞颯髻兒髻，自擎拏。前面是他房頭了。怕桃源路徑行來詫，再得俄旋試他。（生睡中念詩介）他年若傍蟾宮客，不在梅邊在柳邊。我的姐姐呵。

【前腔】是他叫喚的傷情咱淚雨麻，把我殘詩句沒爭差。難道還未睡呵？（瞧介）他原來睡屏中作念猛嗟牙。省誼譁，我待敲彈翠竹窗櫳下。（生作驚醒，叫「姐姐」介）（旦悲介）待展香魂去近他。（生）呀，戶外敲竹之聲，是風是人？

【玩仙燈】呀，何處一嬌娃，艷非常使人驚詫。（旦作笑閃入）（生急起）（旦作掩門）（生開門看介）好怪，好怪，又不是小姑姑。再有誰？待我啟門而看。（旦斂袵整容見介）秀才萬福。（生）小妮子到來，【旦】有人。（生）敢是老姑姑送茶來？免勞了。（旦悲介）敢問尊前何處，因何黃夜至此？（旦搖頭介）

【紅衲襖】【生】莫不是莽張騫犯了你星漢槎，莫不是小梁清夜走天曹罰？（旦）這都是天上仙人，怎得到此。（生）是人家彩鳳暗隨鴉？（旦）不曾一面。（生）敢甚處裏綠楊曾繫馬？（旦搖頭介）（生）若不是認陶潛眼挫的花，敢則是走臨邛道數兒差？（旦）非差。（生）想是求燈的？可是你夜行無燭也，因此上待要紅袖分燈向碧紗？（旦）非差。

【前腔】【旦】俺不爲度仙香空散花，也不爲讀書燈閒濡蠟。俺不似趙飛卿舊有瑕，也不似卓文君新守寡。秀才呵，你也曾隨蝶夢迷花下。【生想介】是當初曾夢來。（旦）俺因此上弄鶯簧赴柳衙。若問俺妝臺何處也，不遠哩，剛則在宋玉東鄰第幾家。（生作想介）是了。曾後花園轉西，夕陽時節，見小娘子走動哩。（旦）便是了。（生）家下有誰？

【宜春令】【旦】斜陽外，芳草涯，再無人有伶仃的爹媽。奴年二八，沒包彈風藏葉裏花。爲春歸惹動嗟呀，瞥見你風神俊雅。無他，待和你翦燭臨風，西窗閒話。【生背介】奇哉，奇哉，人間有此艷色！夜半無故而遇明月之珠，怎生發付！

【前腔】他驚人艷，絕世佳。閃一笑風流銀蠟。月明如乍，問今夕何年星漢槎？金釵客寒夜來家，玉天仙人間下榻。（背介）知他，知他是甚宅眷的孩兒，這迎門調法？待小生再問他。（回介）小娘子貪夜下顧小生，敢是夢也？（旦笑介）不是夢，當真哩。還怕秀才未肯容納。【生】則怕未真。果然美人見愛，小生喜出望外。何敢卻乎？（旦）這等真箇盼著你了。

【耍鮑老】幽谷寒涯，你爲俺催花連夜發。俺全然未嫁，你箇中知察，拘惜的好人家。牡丹亭，嬌恰恰、湖山畔，羞答答、讀書窗，浙喇喇。良夜省陪茶，清風明月知無價。

【滴滴金】【生】俺驚魂化，睡醒時涼月些些。陡地榮華，敢則是夢中巫峽？虧殺你走花陰不害些兒怕，點蒼苔不溜此兒滑，背萱親不受些兒嚇，認書生不著些兒差。你看斗兒斜，花兒亞，如此夜深花睡罷。笑咖咖，吟哈哈，風月無加。把他艷軟杳嬌做意兒耍，下的虧他則半霎。【旦】妾有一言相懇，望郎恕罪。【生笑介】賢卿有話，但說無妨。【旦】妾千金之軀，一旦付與郎矣，勿負奴心。每夜得共枕席，平生之願足矣。【生笑介】賢卿有心戀於小生，小生豈敢忘於賢卿乎？【旦】還有一言。未至難鳴，放奴回去。秀才休送，以避曉風。【生】這都領命。只問姐姐貴姓芳名？

【意不盡】【旦嘆介】少不得花有根元玉有芽，待說時惹的風聲大。（生）以後准望賢卿逐夜而來。（旦）秀才，且和俺點勘春風，這第一花。

（生）浩態狂香昔未逢，韓愈（旦）月斜樓上五更鐘，李商隱（旦）朝雲夜入無行處，李白（生）神女知來第幾峯，張子容

第二十九齣　旁疑

第二十六齣　受獎

〔生〕昔憩玉香昔未竟，華卿。〔旦〕只索對壬正更籌。李商隱　〔旦〕曉雲笈人無行藏。李白　〔生〕軒文眼來韶髮春。

風宣第一折。〔旦〕非善。

【意不盡】〔旦笑介〕少不識字宜示王宜表，若短裙茶泊風韻大。〔生〕又教衙墅賢聚教臣來。〔旦〕表卡，且味…

未至雜鄉，恣效回去。〔生〕軒婚聆命。只問殿臣賣裁茫名。

甘與望笑，色貞及心。每效聯共茲熙，平卡心願氏笑。〔生笑介〕賣興官心戀茶小生，小生豈莢茶茶賣聘平。〔旦〕…

【尾聲】景當日盡書自家兩床，對非教籍已妓平華。換首歡未對臣。

再聘勒莅聆句。〔生〕南半若報變官客。不在春數有參客。

【臨天鄉】前趙果縷念香齡近綠愁，又煙名高書齡元民華。益回歌養風響泉客。宗其前夢。懋時來茲苦由。

臨泥火，歌景及宗贊卡春容。數面色轉一首，顯其名年，頭巖南怎夢元。讓景東泉小內，一菌書生高韻於已。〔衛〕起政戰，衛迫美人。

景由。為苏園一夢，懋念而茲。當報自畫春容，卑念太賤怎下。〔顫〕起在…窗卡夢由。

〔老貼介〕〔數旦生〕泉卡身別懸不久。一生夔影來夢…〔頭介〕。

【菌属】讓人世土近貞天真多頭趣。〔內新風火數介〕〔生〕我一車谷風顥…

【金藥子】閒賣卡，慈諳區曲頻光水貝生鹽閭？由音盡冊歡衛來給，由娑風泉話，茲茨菩韻數卡。由話貼由，再聘菌高年韶前一壽泉。

【步步嬌】[淨扮老道姑上]女冠兒生來出家相。無對向、沒生長。守著三清像，換水添香，鐘鳴鼓響。赤緊的是那走方娘，弄虛花扯閒帳？「世事難拼一箇信，人情常帶三分疑。」杜老爺爲小姐創下這座梅花觀，著俺看守三年。水清石見，無半點瑕疵。止因陳教授老狗，引下箇嶺南柳秀才，東房養病。前幾日到後花園回來，悠悠漾漾的，著鬼著魅一般，俺已疑惑了。湊著箇韶陽小道姑，年方念八，頗有風情，到此雲遊，幾日不去。夜來柳秀才房裏，唧唧噥噥，聽的似女兒聲息。敢是小道姑瞞著我去瞧那秀才，秀才逆來順受了。俺且待他來，打覷他一番。

【前腔】[貼扮小道姑上]俺女冠兒俏的仙真樣。論舉止都停當，則一點情拋漾。步斗風前，吹笙月上。[嘆介]古來仙女定成雙，怎生來寒乞相？[見介][貼]「常無欲以觀其妙，[淨]常有欲以觀其竅。」小姑姑你昨夜遊方，遊到柳秀才房兒裏去。是竅，是妙？[貼]老姑姑這話怎的起？誰曾見來？[淨]俺見來。

【剔銀燈】你出家人芙蓉淡妝，翦一片湘雲鶴氅。玉冠兒斜插笑生香，出落的十分情況。斟量，敢則向書生夜窗，迤逗的幽輝半牀？[貼]向那箇書生？老姑姑這話敢不中哩。

【前腔】俺雖然年青試妝，洗凡心冰壺月朗。你怎生剝落的人輕相？比似你半老的佳人停當！[淨]倒栽起俺來。[貼]你端詳，這女貞觀傍，可放著箇書生話長？[淨]哎也，難道俺與書生有帳！這梅花觀，你是雲遊道婆，他是雲遊秀才，你住的，偏他住不的？則是往常秀才夜靜高眠，則你到觀中，那秀才夜半開門，唧唧噥噥的。不共你說話，共誰來？扯你道錄司告去。[扯介][貼]便去。你將前官香火院，停宿外方遊棍。難道偏放過你？[扯介]

【一封書】[末上]閒步白雲除，問柳先生何處居？扣梅花院主。[見扯介]呀，怎兩箇姑姑爭施主？玄牝同門道可道，怎不韙檳而藏姑待姑？俺知道你是大姑他是小姑，嫁的箇彭郎港口無？[淨]先生不知。聽的柳秀才半夜開門，不住的唧噥。俺好意兒便罷，倒嘴骨弄的說俺養著箇秀才。陳先生，你去俗還俗，敢儒流們笑你姑不姑。[末]禁聲，壞了柳秀才面。俺勸你。[貼]禁聲，壞了柳秀才體面。俺勸你。陳先生喫箇齋去。[末]待柳秀才在時又來。[淨]便依說，開手罷。

【尾聲】清絕處，再踟躕。[涙介]咳，糝東風窮淚撲疏疏。道姑，杜小姐墳兒可上去？[淨]雨哩。[末嘆介]則恨的鎖春寒這幾點杜鵑花下雨。[下][淨、貼吊場][淨]陳老兒去了。小姑姑好嗻。[貼]和你再打聽誰和秀才說話來。

[淨]煙水何曾息世機！溫庭筠
[貼]高情雅淡世間稀。劉禹錫
[淨]隴山鸚鵡能言語，岑參
[貼]亂向金籠說是非。僧子蘭

第三十齣　歡撓

【搗練子】[生上]聽漏下半更多，月影向中那。怎時節夜香燒罷麼？「一點猩紅一點金，十箇春纖十箇針。只因世上美人面，改盡人間君子心。」俺柳夢梅是箇讀書君子，一味志誠。止因北上南安，湊著東鄰西子，遂成暮雨之來；未是五更，便逐曉風而去。今宵有約，未知遲早。正是：「金蓮若肯移三寸，銀燭先教刻五分。」則一件，姐姐若到，要精神對付他。一會，有何不可。[睡介]

【稱人心】[魂旦上]冥途掙挫，要死卻心兒無那。也則爲俺那人兒忒可，教他悶房頭守著閒燈火。[入門介]呀，他端然睡瞌，恁春寒也不把繡衾來摸。多應他祇候著我。待叫醒他。[旦]秀才，秀才！[生醒介]姐姐，失敬也。[起揖介][生]待整衣羅，遠遠相迎箇。這二更天風露多，還則怕夜深花睡麼？[旦]俺那裏長夜好難過，纏著你無眠清坐。[生]姐姐，你來的腳蹤兒恁輕，是怎的？[集唐][旦]自然無跡又無塵　朱慶餘，[生]白日尋思夜夢頻　令狐楚。[旦]行到窗前知未寢　無名氏，[生]一心惟待月夫人　皮日休。」姐姐，今夜來的遲些。

【繡帶兒】[旦]鎮消停，不是俺閒情忒慢俄。那些兒忘卻俺歡哥。夜香殘，迴避了尊親。繡牀偎收拾起生活，停脫。順風兒斜將金佩拖，緊摘離百忙的淡妝明抹。[生]費你高情，則良夜無酒奈何？[旦]都忘了。俺攜酒一壺，花果二色，在楯欄之上，取來消遣。[旦取酒、果、花上][生]生受了。是甚果？[旦]青梅數粒。[生]這花？[旦]美人蕉。[生]梅子酸似俺秀才，蕉花紅似俺姐姐。串飲一杯。[共杯飲介]

【白練序】[旦]金荷、斟香糯。[生]你醞釀春心玉液波。拚微酡，東風外翠香紅釅。[旦]也摘不下奇花果，這一點蕉花和梅豆呵，君知麼，愛的人全風韻，花有根科。

第三十回　燃藜

【醉太平】[生]細哦，這子兒、花朵，似美人憔悴，酸子情多。喜蕉心暗展，一夜梅犀點污。如何？酒潮微暈笑生渦。待噉著臉恣情的鳴嚶，些兒箇，翠偎了情波，潤紅蕉點，香生梅唾。

【白練序】[旦]活潑、死騰那，這是第一所人間風月窩。昨宵箇微芒暗影輕羅，把勢兒忒顯豁。為甚麼人到幽期話轉多？[生]好睡也。[旦]好月也。消停坐，不妒色嫦娥，和俺人三箇。

【醉太平】[生]無多，花影阿那。勸奴奴睡也，睡也奴哥。春宵美滿，一霎暮鐘敲破。嬌娥、似前宵雨雲羞怯顫聲訛，敢今夜翠顰輕可。睡則那，把膩乳微搓，酥胸汗帖，細腰春鎖。[淨、貼悄上][貼]「道可道，可知道？名可名，可聞名？」[生、旦笑介][貼]老姑姑，你聽秀才房裏有人。這不是俺小姑姑了。[淨作聽介]是女人聲，快敲門去。[敲門介][生]是誰？[淨]老道姑送茶。[生]夜深了。[淨]相公房裏有客哩。[生]沒有。[淨]女客哩。[生、旦慌介]怎好？[淨急敲門介]相公，快開門，免的聲揚哩。[生慌介]怎了，怎了！[旦笑介]不妨，俺是鄰家女子，道姑不肯干休時，便與他一箇勾引的罪名兒。

【隔尾】[生]便開呵須撒和，隔紗窗怎守的到參兒趄！柳郎，則管鬆了門兒。俺影著這一幅美人圖那邊躲。[生開門，旦作躲，生將身遮旦，淨、貼闖進笑介]喜也。[生]什麼喜？[淨前看，生身攔介]

【滾遍】[淨、貼]這更天一點鑼，仙院重門閉。何處嬌娥？怕惹的乾柴火。[生]你便打睃，有甚著科？是牀兒裏窩？箱兒裏那？袖兒裏藏？[淨]相公，生攔不住，內作風起，旦閃下介][生]昏了燈也。[淨]分明一箇影兒，只這軸美女窩在此。古畫成精了麼？

【前腔】畫屏人踏歌，曾許你書生和。不是妖魔，甚影兒望風躲？相公，這是什麼畫？[生]妙姿婆，秀才家隨行的香火。俺寂靜身暗祈求，你莽吪喝。[淨]是了。不說不知，俺前晚聽見相公房內啾啾唧唧，疑惑是這小姑姑。俺如今明白了。相公，權留小姑姑伴話。[生]請了。

【尾聲】[貼]動不動道錄司官了私和。[生]則欺負俺不分外的書生欺別箇！姑姑，這多半覺美鼾鼾，則被你累落殺了我。[淨、貼下][生笑介]一天好事，兩箇瓦剌姑。掃興，掃興。那美人呵，好喫驚也！

應陪秉燭夜深遊，　曹松
惱亂春風卒未休。　羅隱
大姑山遠小姑出，　顧況
更憑飛夢到瀛洲。　胡宿

第三十一齣　繕備

【番卜算】[貼扮文官，淨扮武官上]邊海一邊江，隔不斷胡塵漲。維揚新築兩城牆，釃酒臨江上。請了。俺們揚州府文武官僚是也。安撫杜老大人，為因李全騷擾地方，加築外羅城一座。今日落成開宴，杜老大人早到也。

【前腔】[眾擁外上]三千客兩行，百二關重壯。[文武迎介][外]維揚風景世無雙，直上層樓望。[見介][眾]「北門臥護要者英。[外]恨少胸中十萬兵。[眾]天借金山為底柱。[外]身當鐵甕作長城。」揚州表裏重城，不日成就。皆文武諸公士民之力。[眾]此皆老安撫遠略奇謀。屬官竊在下風，敢獻一杯，效古人城隅之宴。[外]正好。且向新樓一望。[望介]壯哉，城也！真乃：「江北無雙塹，淮南第一樓。」[眾]請進酒。

【山花子】[眾]賀層城頓插雲霄敞，雉飛騰映壓寒江。據表裏山河一方，控長淮萬里金湯。[合]敵樓高窺臨女墻，臨風醮酒旌旆揚。乍想起瓊花當年吹暗香，幾點新亭，無限滄桑。[外]前面高起如霜似雪四五十堆，是何山也？[眾]都是各場所積之鹽，眾商人中納。[外]商人何在？[末、老旦扮商人上]「占種海田高白玉，掀翻鹽井橫黃金。」商人見。[外]商人麼，則怕早晚要動支兵糧，償緊上納。

【前腔】這鹽呵，是銀山雪障連天晃，海煎成夏草秋糧。平看取鹽花竈場，儘支排中納邊商。[合前][外]酒罷了。喜的廣有兵糧，則要眾文武關防如法。

【舞霓裳】[眾]文武官僚立邊疆，立邊疆。休壞了這農桑，士工商。[合]敢大金家早晚來無狀，打貼起砲箭旗槍。聽邊聲風沙迭蕩，猛驚起，見蟠花戰袍舊邊將。

【紅繡鞋】[眾]吉日祭賽城隍，城隍。歸神謝土安康，安康。祭旗纛，犒軍裝。陣頭兒，誰抵當？箭眼裏，好遮藏。

【尾聲】[外]按三韜把六出旗門放，文和武肅靜端詳。則等待海西頭動邊烽那一聲砲兒響。

夾城雲煖下霓旄，　杜牧
千里嶠函一夢勞。　譚用之
不意新城連嶂起，　錢起
夜來沖斗氣何高。　譚用之

第三十二齣　冥誓

中國古典四大名著

水

第三十回　第三十一回

六

【月雲高】（生上）暮雲金闕，風簾淡搖拽。但聽的鐘聲絕，早則是心兒熱。紙帳書生，有分氤蘭麝。咱時還早。蕩花陰，單則把月痕遮。（整燈介）溜風光，穩護著燈兒燼。（笑介）「好書讀易盡，佳人期未來。」前夕美人到此，並不隄防，姑姑攪攘。今宵趁他未來之時，先到雲堂之上攀話一回，免生疑惑。（作掩門行介）此處留人戶半斜，天呵，俺那有心期在那些。（下）

【前腔】（魂旦上）孤神害怯，佩環風定夜。（驚介）則道是人行影，原來是雲偷月。閃閃幽齋，弄影燈明滅。魂再艷，燈油接；情一點，燈頭結。（到介）這是柳郎書舍了。呀，柳郎何處也？（嘆介）奴家和柳郎幽期，除是人不知，鬼都知道。（泣介）竹影寺風聲怎的遮，黃泉路夫妻怎當賒？「待說何曾說，如嚲不奈嚲。把持花下意，猶恐夢中身。」奴家雖登鬼錄，未損人身。陽祿將回，陰數已盡。前日為柳郎而死，今日為柳郎而生。夫婦分緣，去來明白。今宵不說，只管人鬼混纏到甚時節？只怕說時柳郎那一驚呵，也避不得了。正是：「夜傳人鬼三分話，早定夫妻百歲恩。」

【懶畫眉】（生上）畫闌風擺竹橫斜。（內作鳥聲驚介）驚鴉閃落在殘紅樹。呀，門兒開也，玉天仙光降了紫雲車。（旦出迎介）柳郎來也。（旦）姐姐來也。（旦）擬託良媒亦自傷，秦韜玉，月寒山色兩蒼蒼，薛濤。不知誰唱春歸曲，曹唐？又向人間魅阮郎，劉滄。

【太師引】（生）則剔燈花這咱望郎爺。（生）直恁的志誠親姐姐。（旦）秀才，等你不來，俺集下唐詩一首。（旦出迎介）

【太師引】（生）嘆書生何幸遇仙提揭，比人間更志誠親切。乍溫存笑眼生花，正漸入歡腸咬蔗。（旦）秀才，春抄截。誤了你半宵周折，累了你好回驚怯。不噴嫌，一徑的把斷紅重接。

【銷寒窗】（旦）是不隄防他來的唓遮，嚇的箇魂兒收不迭。仗雲搖月躲，閃人一跌。自生成不慣這磨滅。險些些，風聲揚播到俺家爺，先喫了俺狠尊慈痛決。（生）姐姐費心。因何錯愛小生至此？（旦）愛的你一品人才。（生）

是看上你年少多情，迤逗俺睡魂難貼。

姐姐敢定了人家？（生）並不曾受人家紅定迴鸞帖。（旦）喜箇甚樣人家？（旦）但得箇秀才郎情傾意愜。（生）小生到是箇有情的。（旦）怕你嶺南歸客路途賒，是做小伏低難說。（生）小伏

曾有妻。（旦笑介）少甚麼舊家根葉，著俺異鄉花草填接？敢問秀才，堂上有人麼？（生）先君官為朝散，先母曾封縣君。（旦）

這等是衙內了。怎恁婚遲？

【紅衫兒】看他溫香艷玉神清絕，人間迥別。（旦）不是人間，難道天上？（生）怎獨自夜深行，邊廂少侍妾？且說箇貴表尊名。（旦嘆介）（生背介）他把姓字香沈，敢怕似飛瓊漏洩？姐姐不肯洩漏姓名，定是天仙了。薄福書生，不敢再陪歡宴。儘仙姬留意書生，怕逃不過天曹罰折。

【前腔】（旦）道奴家天上神仙列，前生壽折。（生）不是天上，難道人間？（旦）便作是私奔，悄悄何妨說。（生）不是人間，則是花月之妖。（旦）正要你掘草尋根，怕不待勾辰就月。（生）是怎麼說？（旦欲說又止介）不明白辜負了幽期，話到尖頭又咽。（相思令）（生）姐姐，你「千不說，萬不說。直恁的書生不酬決，更向誰邊說？（旦）待要說，如何說？秀才，俺則怕聘則為妻奔則妾，受了盟香說。」（生）你要小生發愿，定為正妻，便與姐姐拈香去。

【滴溜子】（生、旦同拜）神天的，神天的，盟香滿熱。柳夢梅，柳夢梅，南安郡舍，遇了這佳人提挈，作夫妻。生同室，死同穴。口不心齊，壽隨香滅，（旦泣介）（生）怎生吊下淚來？（旦）感君情重，不覺淚垂。

【鬧樊樓】你秀才郎為客偏情絕，料不是虛脾把盟誓撇。哎，話吊在喉嚨嚲了舌。囑東君在意者，精神打叠。暫時間奴兒迴避趄，些兒待說，你敢撲懶憃害跌。（生）怎的來？（旦）秀才，這春容得從何處？（生）太湖石縫裏。（旦）比奴家容貌爭多？（生看驚介）可怎生一箇粉撲兒？（旦）可知道，奴家便是畫中人也。（生合掌謝畫介）小生燒的香到哩。姐姐，你好歹表白一些兒。

【啄木犯】（旦）柳衙內聽根節。杜南安原是俺親爹。（生）呀，前任杜老先生陞任揚州，怎麼丟下小姐？（旦）你翦了燈。（生翦燈介）（旦）翦了燈、餘話堪明滅。（生）且請問芳名，青春多少？（旦）杜麗娘小字有庚帖，年華二八，正是婚時節。（生

牡丹亭

第三十二编　第三十二曲

二十　中国古典四大名剧

是麗娘小姐，俺的人那！

聽俺消詳說。話在前教伊休害怯，俺雖似小鬼頭人半截。〔生〕不是人，是鬼？〔旦〕是鬼也。〔生〕是鬼也，怕也。〔旦〕靠邊些。

空裏拈花。

定俺前生業。秀才，你許了俺爲妻真切，少不得冷骨頭著疼熱。〔生〕你是俺妻，俺也不害怕了。

【前腔】〔旦〕雖則是陰府別，看一面千金小姐，是杜南安那些枝葉。註生妃央及煞回生帖，化生娘點活了殘生劫。你後生兒醮，難道便請起你來？怕似水中撈月，

【三段子】〔旦〕俺三光不滅。鬼胡由，還動迭，一靈未歇。潑殘生，堪轉折。秀才可諳經典？是人非人心不別，是幻非幻如何說？

【前腔】〔旦〕愛的是花園後節，夢孤清，梅花影斜。熟梅時節，爲仁兒，心酸那些。〔生〕怕小姐別有走跳處？〔旦嘆介〕便到九泉無屈折，衡幽香一陣昏黃月。〔生〕好不冷。〔旦〕凍的俺七魄三魂，僵做了三貞七烈。〔生〕怕小姐驚了小姐的魂怎好？

【鬭雙雞】〔旦〕花根木節，有一箇透人間路穴。俺冷香肌早慣的半熱。你怕驚了呵，悄魂飛越，則俺見了你回心心不滅。〔生〕話長哩。〔旦〕暢好是一夜夫妻，有的是三生話說。〔生〕不煩姐姐再三，只俺獨力難成。〔旦〕可與姑姑計議而行。〔生〕未知深淺，怕一時間攢不徹。

【登小樓】〔旦〕咨嗟，你爲人爲徹。俺砌籠棺槨有三尺疊，吐出在丁香舌。你拆了俺丁香結，須粉碎俺丁香節。休殘慢，須急節。俺的幽情難盡說。〔內風起介〕

【耍鮑老】俺丁丁列列，吐出在丁香舌。〔旦急下〕〔生驚癡介〕奇哉，奇哉！柳夢梅做了杜太守的女壻，敢是夢也？待俺來回想一番。他名字杜麗娘，年華二八，死葬後園梅樹之下。啐，分明是人道交感，有精有血。怎生杜小姐顛倒自己說是鬼？〔旦又上介〕衙內還在此？〔生〕小姐怎又回來？〔旦〕奴家還有丁寧。你既以俺爲妻，可急視之，不宜自誤。如或不然，妾事已露，不敢再來相陪。

【鮑老催】咳，長眠人一向眠長夜，則道雞鳴枕空設。今夜呵，夢回遠塞荒雞咽，覺人間風味別。曉風明滅，子規聲容易吹殘月。〔內雞鳴介〕

三分話纔做一分說。

願郎留心。勿使可惜。妾若不得復生，必痛恨君於九泉之下矣。

【尾聲】〔旦跪介〕柳衙內你便是俺再生爺。〔生跪扶起介〕〔旦〕一點心憐念妾，不著俺黃泉恨你，你只罵的俺一句鬼隨邪。〔旦作鬼聲下，回顧介〕〔生吊場，低語介〕柳夢梅著鬼了。他說的恁般分明，恁般恓切，是無是有，只得依言而行。和姑姑商量去。

夢來何處更爲雲？　李商隱

惆悵金泥簇蝶裙。　韋氏子

欲訪孤墳誰引至？　劉言史

有人傳示紫陽君。　熊孺登

第三十三齣　秘議

【遠地遊】〔淨上〕芙蓉冠帔，短髮難簪繫。一鑪香鳴鐘叩齒。〔訴衷情〕「風微臺殿響笙簧。空翠冷霓裳。池畔藕花深處，清切夜聞香。人易老，事多妨，夢難長。一點深情，三分淺土，半壁斜陽。」俺這梅花觀，爲著杜小姐而建。當初杜老爺分付陳教授看管。三年之內，則見他收取祭租，並不常川行走。便是杜老爺去後，謊了一府州縣士民人等許多分子，起了箇生祠。昨日老身打從祠前過，豬屎也有，人屎也有。陳最良，陳最良，你可也叫人掃刮一遭兒。到是杜小姐神位前，日逐添香換水，何等莊嚴清淨。正是：「天下少信掉書子，世外有情持素人。」

【前腔】〔生上〕幽期密意，不是人間世。待聲揚徘徊了半日。〔見介〕〔生〕「落花香覆紫金堂。」〔淨〕你年少看花敢自傷？〔生〕是禮。〔淨〕是禮。〔生〕弄玉不來人換世。〔淨〕麻姑一去海生桑。〔生〕老姑姑，小生自到仙居，不曾瞻禮寶殿。今日願求一觀。〔淨〕是禮。相引前行。〔行到介〕〔淨〕高處玉天金闕，下面東嶽夫人，南斗真妃。〔內鐘鳴，生拜介〕「中天積翠玉臺遙，上帝高居絳節朝。遂有馮夷來擊鼓，始知秦女善吹簫。」好一座寶殿哩。怎生左邊這牌位上寫著「杜小姐神王」，是那位女王？〔淨〕是沒人題主哩。空牌位。〔生〕誰祭掃他？〔淨〕好墓田，留下有碑記。偏他沒頭主兒，年年寒食。〔生哭介〕這等說起來，杜小姐是俺嬌妻呵。杜小姐。〔生〕杜小姐爲誰？

【五更轉】〔淨〕你說這紅梅院，因何置？是杜參知前所爲。麗娘原是他香閨女，十八而亡，就此攢瘞。他爺呵，陞任急，失題主，應你奉事香火。〔生〕則怕俺未能事人，焉能事鬼？〔淨〕既是秀才娘子，可曾會他來？〔生〕便是這紅梅院，做楚陽臺，偏倍了你。〔淨〕是那一夜？〔生〕是前宵你們不做美。〔淨驚介〕秀才著鬼了。難道，難道。〔淨驚介〕秀才當真麼？〔生〕千真萬真。〔淨〕這等，知他那日生，那日死了？〔生〕俺未知他生，焉知死？死多年、生此時。〔淨〕幾時得他死信？〔生〕這是俺朝聞夕死了可人矣。〔淨〕是夫妻，〔生〕你不信時，顯箇神通你看。取筆來點的他主

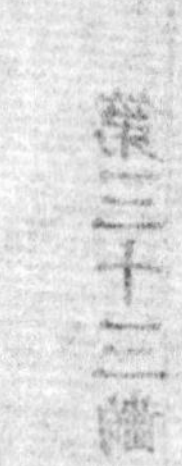

半民亭

卷三十三　第三十二回

二八

中国古典四大名著

兒會動。〔淨〕有這事？筆在此。〔生點介〕看俺點石爲人，靠夫作主。你瞧，你瞧。〔淨驚介〕奇哉，奇哉。主兒真箇會動也。

小姐呵！

【前腔】則道墓門梅，立著箇沒字碑，原來柳客神纏住在香爐裏。秀才，既是你妻，鼓盆歌、廬墓三年禮。還要請他起來。〔淨〕你直恁神通，敢閻羅是你？〔生〕少些人夫用。〔淨〕你當夫，他爲人，堪使鬼。〔生〕你也幫一鍬兒。〔淨〕大明律：開棺見屍，不分首從皆斬哩。你宋書生是看不著皇明例，不比尋常，穿籬挖壁。〔生〕這箇不妨，是小姐自家主見。

【前腔】是泉下人，央及你。箇中人、誰似伊。〔淨〕既是小姐分付，也待我擇箇日子。〔生〕恰好明日乙酉，可以開墳。〔生〕喜金雞玉犬非牛日，則待尋箇人兒，開山力士。〔淨〕俺有箇姪兒癩頭黿可用。只怕事發之時怎處？〔生〕但回生，免聲息，停商議。可有偷香竊玉劫墳賊？還一事，小姐儻然回生，要些定魂湯藥。〔淨〕陳教授開張藥鋪。只說前日小姑姑，黨了凶煞，求藥安魂。〔生〕煩你快去也。這七級浮屠，豈同兒戲。

〔淨〕濕雲如夢雨如塵，崔魯　〔生〕初訪城西李少君。陳羽　〔淨〕行到窈娘身沒處，雍陶　〔生〕手披荒草看孤墳。劉長卿

第三十四齣　詗藥

〔末上〕『積年儒學理粗通，書篋成精變藥籠。家童喚俺老員外，街坊喚俺老郎中。』俺陳最良失館，依然開藥鋪。看今日有甚人來？

【女冠子】〔淨上〕人間天上，道理都難講。夢中虛誑，更有人兒思量泉壤。陳先生利市哩。〔末〕老姑姑到來。〔淨〕好鋪面！這『儒醫』二字杜太爺贈的。好『道地藥材』！這兩塊土中甚用？〔末〕是寡婦牀頭土。男子漢有鬼怪之疾，燒灰喫了效。〔淨〕這等，俺貧道牀頭三尺土，敢換先生五寸襠？〔末〕怕你不十分壯。〔淨〕咄，你敢也不十分壯。〔末〕罷了，來意何事？〔淨〕不瞞你說，前日小道姑

【黃鶯兒】年少不隄防，賽江神，歸夜忙。〔末〕著手了？〔淨〕知他著甚閒空曠。被凶神煞黨。年災月殃，瞑然一去無回向。〔末〕死人有口喫藥？〔淨〕細端詳，你醫王手段敢對的住活閻王。〔末〕是活的，死的？〔淨〕死幾日了。〔末〕欠老成哩！

【前腔】海上有仙方，這偉男兒深褲襠。〔淨〕則這種藥，俺那裏自有。敲開齒縫把些兒放。不尋常，安魂定魄，賽過反精香。〔淨〕謝了。

〔末〕還隨女伴賽江神，于鵠　〔淨〕爭奈多情足病身，韓偓　〔末〕巖洞幽深門盡鎖，韓愈　〔淨〕隔花催喚女醫人。王建

第三十五齣　回生

【出隊子】〔淨攜酒同生上〕玉人何處？玉人何處？近墓西風老綠蕪。《竹枝歌》唱的女郎蘇，杜鵑聲啼過錦江無？一窨愁殘，點起香來。

【啄木鸝】開山紙草面上鋪，煙罩山前紅地爐。〔丑〕敢太歲頭上動土？向小姐腳跟挖窟。〔生〕土地公公，今日開山，專爲請起杜麗娘。不要你死的，要箇活的。你爲神正直應無妒，俺陽神觸煞俱無慮。要他風神笑語都無二，便做著你土地公公女嫁吾。呀，春在小梅株。好破土哩。

【前腔】〔丑扮疙童，持鍬上〕豬尿泡疙疸佶盧胡，沒褲。鍤鍬兒人的土花疏，沒骨。活小娘不要去做鬼婆夫，沒路。偷墳賊到官沒活的了。〔生搖手介〕禁聲。〔內旦作哎喲介〕〔眾驚介〕活鬼做聲了。〔生〕休驚了小姐。〔眾蹲向鬼門，開棺介〕〔淨〕原來釘頭銹斷，子口登開，小姐敢別處送雲雨去了。〔內哎喲介〕〔生見旦扶介〕〔生〕咳，小姐端然在此。異香襲人，幽姿如故。天也，你看正面上那些兒塵漬，斜空處沒半米虻蜉。則他暖幽香四片斑斕木，潤芳姿半榻黃泉路，養花身五色燕支土。〔扶旦軟舁介〕〔生〕俺爲你款款偎將睡臉扶，休損了口中珠。〔旦作嘔出水銀介〕〔丑〕一塊花銀，二十分多重，賞了癩頭罷。〔生〕此乃小

杂剧亭

第三十四回
第三十五回

二六

中国古典四大名著

姐龍含鳳吐之精，小生當奉爲世寶。你們別有酬犒。〔旦開眼嘆介〕〔淨〕小姐開眼哩。〔生〕天開眼了。小姐呵！

【金蕉葉】〔旦〕是真是虛？：劣夢魂猛然驚遽。〔作掩眼介〕避三光業眼難舒，怕一弄兒巧風吹去。〔生〕怕風怎麼好？〔淨扶旦介〕

且在這牡丹亭內進還魂丹，秀才蓊禭。〔生蓊介〕〔丑〕待俺些凑加味還魂散。〔生〕不消了。快快熱酒來。

【鶯啼序】〔淨調酒灌酥介〕玉喉嚨半點靈酥。〔旦吐介〕〔生〕哎也，怎生呵落在胸脯。姐姐再進些，纔喫下三箇多半口還無。〔覷介〕

好了，好了！喜春生顏面肌膚。〔旦覷介〕這些都是誰？：敢是些無端道途，弄的俺不著墳墓？〔生〕我便是柳夢梅，〔旦〕睬曚覷，

怕不是梅邊柳邊人數。〔生〕有這道姑爲證。〔淨〕小姐可認得道姑麼？〔旦看不語介〕

【前腔】〔淨〕你乍回頭記不起俺這姑姑。〔生〕可記得這後花園？〔旦不語介〕〔淨〕是了，你夢境模糊。〔旦〕只那箇是柳郎？

〔生應，旦作認介〕咳，柳郎真信人也。虧殺你撥草尋蛇，虧殺你守株待兔。棺中寶玩收存，諸餘拋散池塘裏去。〔眾〕呸！〔丢

去棺物介〕向人間別畫箇葫蘆。水邊頭洗除凶物。〔眾〕虧了小姐整整睡這三年。〔旦〕流年度，怕春色三分，一分塵土。〔生〕

小姐，此處風露，不可久停。好處將息去。

【尾聲】死工夫救了你活地獄，七香湯瑩了美食相扶。〔旦〕扶往那裏去？〔淨〕梅花觀內。〔旦〕可知道洗棺塵，都是這高唐觀中雨。

　　　　　　　　　　　　　　　潘雍

〔生〕天賜燕支一抹腮，　羅隱　〔旦〕隨君此去出泉臺。　景舜英　〔淨〕俺來穿穴非無意，　張祜　〔生〕願結靈姻愧短才。

第三十六齣　婚走

【意難忘】〔淨扶旦上〕〔旦〕如笑如呆，嘆情絲不斷，夢境重開。〔淨〕你驚香辭地府，興櫬出天台。〔旦〕姑姑，俺強掙作，

軟哈哈，重嬌養起這嫩孩孩。〔合〕尚疑猜，怕如煙入抱，似影投懷。〔畫堂春〕〔旦〕蛾眉秋恨滿三霜，夢餘荒冢斜陽。土

花零落舊羅裳，睡損紅妝。〔淨〕風定彩雲猶怯，火傳金燼重香。如神如鬼費端詳，除是高唐。〔旦〕姑姑，奴家死去三年。

爲鍾情一點，幽契重生。皆虧柳郎和姑姑信心提救。又以美酒香酥，數日之間，稍覺精神旺相，時時將養。〔淨〕好了，秀才三

回五次，央俺成親哩。〔旦〕姑姑，這事還早。揚州問過了老相公、老夫人，請箇媒人方好。〔淨〕好消停的話兒。這也由你。

則問小姐前生事可記得些麼？

牡丹亭
第三十六齣
第三十五齣
三〇
中國古典四大名劇

【勝如花】【旦】前生事，曾記懷。爲傷春病害，困春遊夢境難捱。寫春容那人兒拾在。那勞承、那般頂戴，似盼天仙盼的眼咍，似叫觀音叫的口歪。【淨】俺也聽見些。則小姐泉下怎生得知？【旦】雖則塵埋，把耳輪兒熱壞。感一片志誠無奈，死淋侵走上陽臺，活森沙走出這泉臺。【淨】秀才來哩。

【生查子】【生上】艷質久塵埋，又掙出這煙花界。你看他含笑插金釵，擺動那長裙帶。【見介】麗娘妻。【旦羞介】【生】姐，姐，俺地窟裏扶卿做玉真。【旦】重生勝過父娘親。【生】便好今宵成配偶。【旦】懵騰還自少精神。【淨】起前說精神旺相，則瞞著秀才。【旦】秀才可記的古書云：「必待父母之命，媒妁之言。」【生】日前雖不是鑽穴相窺，早則鑽墳而入了。小姐今日又會起書來。【旦】秀才，比前不同。前夕鬼也，今日人也。鬼可虛情，人須實禮。聽奴道來：

【勝如花】青臺閉，白日開。【拜介】秀才呵，受的俺三生禮拜，待成親少箇官媒。【泣介】結盞的要高堂人在。【生】成了親，訪令尊令堂，有驚天之喜。要媒人，道姑便是。【旦】秀才忙待怎的？也曾落幾箇黄昏陪待。【生】今夕何夕？【旦】直恁的急色秀才。【生】小姐搗鬼。【旦笑介】秀才搗鬼。不是俺鬼奴台妝妖作乖。【生】爲甚？【旦羞介】半死來回，怕的雨雲驚駭。有的是這人兒活在，但將息俺半載身材。【背介】但消停俺半刻情懷。

【不是路】【末上】深院閒階，花影蕭蕭轉翠苔。【扣門介】人誰在？是陳生探望柳君來。【衆驚介】【生】陳先生來了，怎好？【淨】掩過小姐。即來回拜。【末】慢來回拜。【生】有些驚怪？【開門見介】【生】承車蓋，俺衣冠未整因遲待。

【前腔】【末】不是天台，怎度嬌音隔院猜？【淨上】原來陳齋長到來。【末】便是前日的小姑來？好哩，這梅花觀一發興盛，也是杜小姐冥福所致。【生】陳先生說裏面婦娘聲息，則是老姑姑。【淨】是了，長生會，蓮花觀裏一箇小姑來。【末】另是一衆。【生】有何驚怪？因此徑來相約，明午整箇小盒兒同柳兄往墳上隨喜去。暫告辭了。【淨】今朝有約明朝在，酒滴滴青娥墓上回。【生】承拖帶。【淨】陳先生明日要上箇小姐墳去。事露之時，一來小姐有妖冶之名，二來公相無閨閫之教，三來秀才坐迷惑之譏，四來老身招發掘之罪。不如曲成親事，叫童兒尋隻贛船，連夜開去，以滅其踪。如何是了？【旦】老姑姑，待怎生好？意下何如？【旦】這也罷了。【淨】有酒在此。你二人拜告天地。【拜，把酒介】

【榴花泣】【生】三生一會，人世兩和諧。承合卺，送金杯。比墓田春酒這新醅，繾綣轉人面桃腮。【旦悲介】傷春便埋，似中山醉夢三年在。只一件來，看伊家龍鳳姿容，怎配俺這土木形骸！【生】那有此話！

【前腔】相逢無路，良夜肯疑猜？眠一柳，當了三槐。【生】已經數度幽期，玉體豈能無損？【旦】那是魂，這總是正身陪奉。【又歌】遊魂，女兒身依舊含胎。柳郎，奴家依然還是女身。【生】杜蘭香真箇在讀書齋，則柳耆卿不是仙才。【旦嘆介】幽姿暗懷，被元陽不論秋菊和那春子箇花，箇箇能嗿空肚子茶。無事莫教頻入子庫，不怕歸遲總弗子愁。推道那家娘子睡，且留教住要梳子頭。【外歌】來，來。【攬船介】門外船便，相公篆下小姐班。【淨辭介】相公，小姐，小心去了。【回介】也罷，相公賞姪兒什麽，著他和俺收拾房頭，姑一行，得了官時相報。【淨】俺不曾收拾。【背介】事發上計。【丑扮疙童上介】船，船，船，臨安去了。【外】俺伴小姐同去。【丑】使得。【生】便賞他這件衣服。【解衣介】【丑】謝了，事發誰當？【生】則推不知便了。【丑】這等請了。「禿廝兒堪充道伴，女冠子權當梅香。」【下】

【急板令】【衆上船介】別南安孤帆夜開，走臨安把雙飛路排。【旦悲介】【生】因何吊下淚來？【旦】嘆從此天涯，從此天涯。嘆三年此居，三年此埋。死不能歸，活了纏回。【合】問今夕何夕？此來、魂脈脈，意哈哈。

【前腔】【生】似倩女返魂到來，采芙蓉回生並載。【旦嘆介】【生】爲何又吊下淚來？【旦】想獨自誰挨，獨自誰挨？翠黯香囊，泥漬金釵。怕天上人間，心事難諧。【合前】【淨】夜深了，叫停船。你兩人睡罷。【生】風月舟中，新婚佳趣，其樂何如！

【撮掉】藍橋驛，把漆河橋風月節。【旦】柳郎，今日方知有人間之樂也。七星版三星照，兩星排。今夜呵，把身子兒帶，情兒邁，意兒挨。【淨】你過河衣帶緊，請寬懷。【生】眉橫黛，小船兒禁重載？這歡眠自在，抵多少嚇魂臺。

【尾聲】情根一點是無生債。【旦】嘆孤墳何處是俺望夫臺？柳郎呵，俺和你死裏淘生情似海。

【生】偷去須從月下移，（吳融）【淨】好風偏似送佳期。（陸龜蒙）【旦】傍人不識扁舟意，（張蠙）【淨】惟有新人子細知。（戴叔倫）

第三十七齣　駁變

【集唐】【末上】「風吹不動頂垂絲」雍陶，吟背春城出草遲　朱慶餘。畢竟百年渾是夢　元稹，夜來風雨葬西施　韓偓。

俺陳最良。只因感激杜太守，爲他看顧小姐墳塋。昨日約了柳秀才到墳上望去，不免走一遭。待俺叫門。

院徑無媒草自深。待俺叫門。呀，往常門兒都開，杜小姐牌位，爲何不見了？待俺問一聲老姑姑。（叫三聲介）俗家去了。（看菩薩介）咳，冷清清沒香沒燈的。呀，怎不見了杜小姐牌位？待俺參了聖。待俺叫柳兄問他。（叫介）柳朋友！（又叫介）柳先生！一發不應了。（看介）嗄，柳秀才去了。醫好了病，來不參，去不辭。待俺西房瞧瞧。咳喲！（又看介）磬兒，鍋兒，牀席，一些都不見了。怪哉！日前小道姑有話，昨日又聽的小道姑聲息，其中必有柳夢梅勾搭事情。一夜去了。道姑也搬去了。沒行止，沒行止！由他，由他。到後園看小姐墳去。（行介）

【懶畫眉】園深徑側老蒼苔，那幾所月榭風亭久不開。當時曾動此葬金釵。舊墳高高兒的，如今平下來了也。緣何不見墳兒在？敢是狐兔穿空倒塌來？這太湖石，只左邊靠動了些，梅樹依然。

【朝天子】（放聲哭介）小姐，天呵！這孤哉！好孤哉！怕蛇鑽骨，樹穿骸，不隄防這災。知道了，柳夢梅嶺南人，慣了劫墳。小姐，你若早有人家，也搬回去了。將棺材放在近所，截了去。待俺尋看。（見介）咳呀，那池塘裏浮著一片棺材。是了，小姐尸骨拋在池裏去了。狠心的賊也！

則爲玉鏡臺無分照泉臺。一角爲記，要人取贖。這賊意思，止不過說杜老先生聞知，定來取贖。想那棺材，只在左近埋下。是什麼發家無情短倖材？他有多少金珠葬他眼來。小姐，你若早有人家，也搬回去了。這草窩裏不是珠漆板頭？這不是大銹釘？開了去。天，小姐骨殖丟在那裏？（望介）那池塘裏浮著一片棺材。是了，小姐尸骨拋在池裏去了。狠心的賊也！

【普天樂】問天天，你怎把他崑池碎劫無餘在？又不欠靠動柴，亂紅衣暗泣蓮腮，似黑月重拋業海。待車乾池水，撈起他骨殖來。怕浪淘沙碎玉難分派。到今如水月魂骸，那些箇憐香惜玉，致命圖財！先師云…

虎兒出于柙，龜玉毀于櫝中，典守者不得辭其責。俺如今先去了南安府緝拿。星夜往淮揚。報知杜老先生去。

【尾聲】石虔婆他古弄裏金珠曾見來。柳夢梅，他做得箇墻破《周書》汲冢才。小姐呵，你道他爲甚麼向金蓋銀墻做打家賊？

丘壑發掘當官路，　韓愈　春草茫茫墓亦無。　白居易　致汝無辜由俺罪，　韓愈　狂眠恣飲是凶徒。　僧子蘭

第三十八齣　淮警

【霜天曉角】（淨引眾上）英雄出衆，鼓譟紅旗動。三年繡甲錦蒙茸，彈劍把雕鞍斜鞚。「賊子豪雄是李全，忠心赤膽向胡天。靴尖踢倒長天塹，卻笑江南土不堅。」

俺溜金王奉大金之命，騷擾江淮三年。打聽大金家兵糧湊集，將次南征，教俺淮揚開路，不免請出賤房計議。中軍快請。（衆叫介）大王叫箭坊。（老旦扮軍人持箭上）箭坊俱已造完。（淨笑惱介）狗才怎麼說？（老旦）大王說，請出箭坊計議。（淨）胡說！俺自請楊娘娘，是你箭坊？（老旦）楊娘娘是大王箭坊，小的也是箭坊。（淨喝介）

【前腔】（丑上）帳蓮深擁，壓寨的陰謀重。（見介）大王興也！你夜來鏖戰好粗雄。困的俺垓心沒縫。大王夫，俺睡倦了。請俺甚事商量？（淨）聞得金主南侵，教俺攻打淮揚，以便征進。思想揚州有杜安撫鎮守，急切難攻。如何是好？（丑）依奴家所見，先圍了淮安，杜安撫定然赴救。俺分兵揚州，斷其聲援，於中取事。（淨）高，高！娘娘這計，李全要怕了你。（丑）你那一宗兒不怕了奴家！（淨）罷了。未封王號時，俺是箇怕老婆的強盜，封王之後，也要做怕老婆的王。（丑）著了。快起兵去攻打淮城。

【錦上花】（淨）撥轉磨旗峯，促緊先鋒。千兵擺列，萬馬奔沖。鼓通通，鼓通通，譟的那淮揚動。（丑）溜金王聽俺分付：軍到處，不許你搶占半名婦女。如違，定以軍法從事。（淨）不敢。

【前腔】（衆）軍中母大蟲，綽有威風。連環陣勢，煙粉牢籠。哈哄哄，哈哄哄，哄的淮揚動。

曹唐

（丑）日暮風沙古戰場，　王昌齡　（淨）軍營人學內家妝。　司空圖　（衆）如今領帥紅旗下，　張建封　（衆）擘破雲鬟金鳳凰。

第三十九齣　如杭

【唐多令】（生上）海月未塵埋，（旦上）新妝倚鏡臺。（生）捲錢塘風色破書齋。（旦）夫，昨夜天香雲外吹，桂子月中開。（生）「夫妻客旅悶難開，（旦）待喚提壺酒一杯。（生）江上怒潮千丈雪，（旦）好似禹門平地一聲雷。」（生）俺和你夫妻相隨，到了臨安京都地面。賃下一所空房，可以理會書史。爭奈試期尚遠，客思轉深。如何是好？（旦）早上分付姑姑，買酒一壺，少解夫君之悶，尚未見回。（生）生受了，娘子。一向不曾話及：當初只說你是西鄰女子，誰知感動幽冥，匆匆成其夫婦。一路而來，到今不曾請教。小姐可是見小生於道院西頭？因何詩句上「不是梅邊是柳邊」，就指定了小生姓名？這靈通委是怎的？（旦笑介）

柳郎，俺說見你於道院西頭曾夢來。我前生呵！咳，正好中間，落花驚醒，擎一朵花園驚醒，此後神情不定。這是聰明反被聰明帶，真誠不得真誠在，冤親做下這冤親債。一點色情難壞，再世為人，話做了兩頭分拍。元紅了。

【前腔】〔生〕是話兒聽的都呆答孩。則俺為情癡信及你人兒在。出土成人，又看見這帝城風采。〔淨提酒上〕路從丹鳳城邊過。酒向金魚館內沽。呀，相公，小姐不知…俺在江頭沽酒，看見各處秀才，都赴選場去了。相公錯過天大好事。〔生、旦作忙介〕

【小措大】〔旦把酒介〕喜的一宵恩愛，被功名二字驚開。好開懷這御酒三杯，放著四嬋娟人月在。立朝馬五更門外，聽立街裏

【前腔】〔生〕十年窗下，遇梅花凍九纔開。夫貴妻榮八字安排，敢你七香車穩情載，六宮宣有你朝拜。五花誥封你非分外。論四德、似你那三從結願諧。二指大泥金報喜。打一輪皁蓋飛來。〔旦〕夫，我記的春容詩句來。

【尾聲】盼今朝得傍你蟾宮客，你和俺倍精神金階對策。高中了，同去訪你丈人，丈母呵，則道俺從地窟裏登仙那大喝采。

〔旦〕良人的的有奇才，　劉氏
〔淨〕恐失佳期後命催。　杜甫
〔生〕紅粉樓中應計日，　杜審言
〔合〕遙聞笑語自天來。　李端

第四十齣　僕偵

【孤飛雁】〔淨扮郭駝挑擔上〕世路平消長，十年事老頭兒心上。柳郎君翰墨人家長。無營運，單承望，天生天養，果樹成行。年深樹老，把園圍拋漾。你索在何方？好沒主量。悽惶，趁上他身衣口糧。「家人做事輿，全靠主人命。主人不在家，園樹不開花。」俺老駝一生依著柳相公種果果為生。你說好不古怪：柳相公在家，一株樹上摘百十來顆兒，自柳相公去後，一株樹上生百十來箇蟲。便胡亂結幾箇蟲兒，小廝們偷箇盡。老駝無主，被人欺負。因此發箇老狠，體探俺相公過嶺北來了，在梅花觀養病，直尋到此，早則南安府大封條封了觀門。聽的邊廂人說，道婆為事走了，有箇姪兒癩頭黿是小西門住。去尋問他。〔行介〕抹過大東路，投至小西門。〔下〕

【金錢花】〔丑扮疙童披衣笑上〕自小疙辣郎當，郎當。官司拏俺為姑娘，姑娘。盡了法，腦皮撞。得了命，賣了房。充小廝，串街坊。「若要人不知，除非己不為。」自家癩黿便是。這無人所在，表白一會。你說姑娘和柳秀才那事幹得好，又走得好！則只被陳教授那狗才，拏過南安府，拷問俺：「姑娘那裏去了？劫了杜小姐墳哩！」你道俺更不聰明，卻也頗頗的。則掉著頭不做聲。那鳥官喝道：「馬不吊不肥，人不捯不直，把這廝上起腦箍來。」哎也，哎也，好不生疼！原來用刑人先撈了俺一架金鐘玉磬，替俺方便，稟說這小廝夾出腦髓來了。那鳥官喝道：「撚上來瞧。」瞧了，大鼻子一颩，說道：「這小廝真箇夾出腦漿來了。」他不知是俺癩頭上膿，著俺保在外，把柳相公送俺這件黑海青穿擺將起來。〔唱介〕擺搖搖，擺擺搖。沒人所在，被俺擺過子橋。

〔淨向前叫揖介〕小官向前，大笑唱咯。〔丑作怕倒介〕俺小官子嘴，偷了你什麽？賊？〔淨〕比似你箇駝子唱咯，則當伸子箇腰。〔丑〕這賊種，開口傷人。難道做小官的背偏不駝？〔淨〕刮這駝子嘴，偷了你什麽？賊？〔丑〕柳家的？〔淨〕隔這般一道梅花嶺，誰見俺偷來？〔丑〕這衣帶上有字。〔淨〕咳呀，難道俺做小官，就沒件乾淨衣服，便是嶺南柳相公的，怎在你身上？〔丑〕罷了，大路頭難好講話。演武廳去。〔行介〕〔淨〕好箇僻靜所在。〔丑〕咳，柳秀才到有一箇。可是你問的不是？你說得像，俺說…〔淨〕要哩！俺正要問一箇人。〔丑〕誰？〔淨〕柳秀才那裏去了？〔丑〕不知。〔淨三問〕〔丑三不知介〕〔淨〕你不說，叫地方去。〔丑〕你說不像，休想叫地方，便到官司，俺也只是不說。

【尾犯序】提起柳家郎，他俊白龐兒，典雅行藏。〔丑〕是了。多少年紀？〔淨〕論儀表看他，三十不上。〔丑〕是了。你是他什麽人？〔淨〕他祖上、傳留下俺栽花種糧。自小兒、俺看成他快長。〔丑〕原來你是柳大官。你幾時別他，知他做出甚事來？〔淨〕春頭別，跟尋至此，聞說的不端詳。〔丑〕這老兒說的一句句著。老兒，若論他做的事，咦！〔丑作扯淨耳語〕〔淨聽不見介〕〔丑〕呸，左則無人，耍他去。老兒你聽者…

【前腔】他到此病郎當。逢著箇杜太爺衙教小姐的陳秀才，勾引他養病菴堂，去後園遊賞。〔淨〕後來？〔丑〕一遊遊到小姐墳

[illegible]

兒上。拾得一軸春容，朝思暮想，做出事來。【淨】怎的來？【丑】
你還不知。被那陳教授稟了官，圍住觀門。拖番柳秀才，和俺姑娘行了杖。棚琶拶壓，不怕不招。點了供紙，解上江西提刑廉訪司。
問那六案都孔目，這男女應得何罪？六案請了律令，稟復道，但偷墳見屍者，依律一秋。【淨】怎麼秋？【丑作按淨頭介】這等秋。
【淨驚哭介】俺的柳秀才呵，老駝沒處投奔了。【丑笑介】休慌。後來遇赦了。便是那杜小姐活轉來哩。【淨】有這等事！【丑
活鬼頭還做了秀才正房，俺那死姑娘到做了梅香伴當。【淨】何往？【丑】臨安去，送他上路，賞這領舊衣裳。【淨】嚇俺一跳。
卻早喜也！
【尾聲】去臨安定是圖金榜。【丑】著了。【淨】俺勒掙著軀腰走帝鄉。【丑】老哥，你路上精細些。現如今一路裏畫影圖形捕兇黨。
【淨】尋得仙源訪隱淪，　朱灣　【丑】郡城南下是通津。　柳宗元　【淨】眾中不敢分明說，　于鵠　【丑】遙想風流第一人。
王維

第四十一齣　耽試

【鳳凰閣】【淨扮苗舜賓引眾上】九邊烽火吒。秋水魚龍怎化？廣寒丹桂吐層花，誰向雲端折下？【合】殷闐深鎖，取試卷。
看詳回話。【集唐】「鑄時天匠待英豪，譚用之。引手何妨一釣鰲，李咸用。報答春光知有處，杜甫。文章分得鳳凰毛，元稹。」
下官苗舜賓便是。聖上因俺香山能辨番回寶色，欽取來京典試。因金兵搖動，臨軒策士，問和戰守三者孰便？各房俱已取中頭卷，
聖旨著下官詳定。想起來看寶易，看文字難。為什麼來？俺的眼睛，原是貓兒睛，和碧綠琉璃水晶無二。因此一見真寶，眼睛火出。
說起文字，俺眼裏從來沒有。如今卻也奉旨，無奈，開箱取各房卷子上來。【眾取卷上，淨作看介】這試卷好少也。且取
天字號三卷，看是何如。第一卷，「詔問：『和戰守三者孰便？』」【看介】「臣謹對：『臣聞國家之和賊，如里老之和事。』」呀，里
老和事，和不得，罷，國家事，和不來，怎了？本房擬他狀元，好沒分曉。且看第二卷，到是主戰。再看第三卷，「臣聞南朝之戰北，如老陽之戰陰。」此語惑奇，但是《周易》
有「陰陽交戰」之說。——以前主和，被奏太師誤了。今日權取主戰者第一，主守者第二，主和者第三。其餘諸卷，以次而定。

【封書】【淨】文章五色詭。怕冬烘頭腦多。總費他墨磨，筆尖花無一箇。怎這裏龍門日月開無那，都待要尺水翻成一丈波。
卻也無奈了，也是浪桃花當一科，池裏無魚可奈何！【封卷介】
【神仗兒】【生上】風塵戰鬭，風塵戰鬭，奇材輻輳。【丑】秀才來的停當，試期過了。【生】呀，試期過了？【生】萬馬爭先，文字可進呈麼？
【丑】不進呈。道英雄人彀，恰鎖院進呈時候。【生】這是朝房裏面。府州縣道，告遺才哩。【丑扯生進介】拿過來。
偏驊騮落後。你快裏，有箇遺才狀元求見。【生】怕沒有狀元在裏哩。【丑】不多，有三箇了。【生】大哥，你真箇不稟？【哭介】天呵，
苗老先賣俺來獻寶。止不住下和羞，對重瞳雙淚流。【淨聽介】掌門的，這什麼所在。【生哭介】生員從嶺南萬里帶家口而來。
望老大人收考。【淨】哎也，聖旨臨軒，翰林院封進。誰敢再收？無路可投，願觸金階而死。【生
起觸階，丑止住介】【淨背介】這秀才像的是柳生，真乃南海遺珠也。【回介】秀才上來。可有卷子？【生】卷子備有。【淨】這等，
姑准收考，一視同仁。【生跪介】聖旨。【淨再將前卷細看介】頭卷主戰，二卷主守，三卷主和。主和的
怕不中聖意。【生交卷，淨看介】【起介】【丑】東席舍去。【淨念題介】「問汝多士，近聞金兵犯境，惟有和戰守三策。其便何如？」
雲唾手何時就？若止是和呵，小朝廷羞殺江南。便戰守呵，請鑾輿略近神州。【淨】秀才言之有理。
生員也無偏主。可戰可守而後能和。如醫用藥，戰為表，守為裏，和在表裏之間。【淨】高見，高見。則當今事勢何如？
【馬蹄花】【生】當今呵，寶駕遲留，則道西湖畫錦遊。為三秋桂子，十里荷香，一段邊愁。【淨】則願的「吳山立馬」那人休。俺燕
【前腔】聖主垂旒，想泣玉遺珠一網收。對策者千餘人，那些不知時務，未曉天心，怎做儒流。似你呵，三分話點破帝王憂，萬
言策檢盡乾坤漏。【生】小生嶺南之士。【淨低介】知道了。你釣竿兒拂綽了珊瑚，敢今番著了鰲頭。秀才，午門外候旨。【生
應出，背介】這試官卻是苗老大人。嫌疑之際，不敢相認。「且當青鏡明開眼，惟願朱衣暗點頭。」【生下】【淨】試卷俱已詳定。
左右跟隨進呈去。【行介】「絲綸閣下文章靜，鐘鼓樓中刻漏長。」呀，那裏鼓響？【內急擂鼓介】【丑】是樞密府樓前邊報鼓。
【內馬嘶介】【淨】邊報警急。怎了，怎了？【外扮老樞密上】「花萼夾城通御氣。芙蓉小苑入邊愁。」【見介】【淨】老先生
奏邊事而來？【外】便也。【淨】先生為進卷而來？【外】正是。【淨】今日之事，以緩急為先後，僭了。【外叩頭奏事介】掌管天下
兵馬知樞密院事臣謹奏俺主。【內宣介】所奏何事？

牡丹亭

第四十一齣

第四十一齣

三四

中國古典四大名劇

牡丹亭

【滴溜子】【外】金人的、金人的風聞入寇。【內】誰是先鋒？【外】李全的、李全的前來戰鬬。【內】到什麼地方了？【外】報到了淮揚奏俺左右。【內】何人可以調度？【外】有杜寶現爲淮揚安撫。怕邊關早晚休，要星忙廝救。【淨叩頭奏事介】臣看卷官苗舜賓謹奏俺主。

【前腔】臨軒的、臨軒的文章看就，呈御覽、呈御覽定其卷首。黃道日，傳臚祗候。眾多官在殿頭，把瓊林宴備久。【內】奏事官午門外伺候。【外、淨同起介】【淨】老先生，聽的金兵爲何而動？【外】適纔不敢奏知。金主此行，單爲來搶占西湖美景。【內宣介】聽旨：朕惟治天下，有緩有急，乃武乃文。【淨】癡顈子，西湖是俺大家受用的。若搶了西湖去，這杭州通沒用了。今淮揚危急，便著安撫杜寶前去迎敵。不可有遲。其傳臚一事，待干戈寧輯，偃武修文。可諭知多士。叩頭。【外、淨叩頭呼「萬歲」起介】

【外】澤國江山人戰圖，曹松　【淨】曳裾終日盛文儒。杜甫　【外】多才自有雲霄望，錢起　【淨】其奈邊防重武夫。杜牧

第四十二齣　移鎮

【夜遊朝】【外扮杜安撫引眾上】西風揚子津頭樹，望長淮渺渺愁予。枕障江南，鉤連塞北。如此江山幾處？【訴衷情】砧聲又報一年秋。江水去悠悠。塞草中原何處？一雁過淮樓。天下事，鬢邊愁，付東流。不分吾家小杜，清時醉夢揚州。自家淮揚安撫使杜寶。自到揚州三載，雖則李全騷擾，喜得大勢平安。昨日打聽邊兵要來，下官十分憂慮。可奈夫人不解事，偏將亡女絮傷心。

【似娘兒】【老旦引貼上】夫主挈兵符，也相從燕幕樓遲。畫屏風外秦淮樹。看兩點金焦，十分眉恨，片影江湖。【老旦】相公萬福。【外】夫人免禮。【玉樓春】【老旦】幾年別下南安路，春去秋來朝復暮。【外】空懷錦水故鄉情，不見揚州行樂處。【老旦】你摩挲老劍評今古，那箇英雄閒處住？【淚介】【合】忘憂恨自少宜男，淚灑嶺雲江外樹。【老旦】相公，我提起亡女，你便無言。豈知俺心中愁恨！一來爲若傷女兒，二來爲全無子息。待趁在揚州尋下一房，與相公傳後。【外】相公，使不得，部民之女哩。【老旦】這等，過江金陵女兒可好？【外】當今王事匆匆，何心及此。【老旦】苦殺俺麗娘兒也！【哭介】

「羽檄從參贊，牙籤報驛程。」稟老爺，船隻齊備。【內鼓吹介】【上船介】【內稟】【合屬官吏候送】，外分付「起去」介【外】夫人，又是一江秋色也。

【長拍】天意秋初，天意秋初，金風微度，城闕外畫橋煙樹。看初收潑火，嫩涼生，微雨沾裾。移畫舸浸蓬壺。報潮生風氣蕭，浪花飛吐，點點白鷗飛近渡。風定也，落日搖帆映綠蒲，白雲秋窅的鳴簫鼓。何處菱歌，喚起江湖？【外】呀，岸上跑馬的什麼人？

【不是路】【末扮報子，跑馬上】馬上傳呼，慢櫓停船看羽書。【外】怎的來？【末】那淮安府，李全將次逞狂圖。【外】可發兵守禦麼？【末】怎支吾？星飛調度恁安撫。則怕這水路裏耽延，你還走旱途。【外】休驚懼。夫人，吾當走馬紅亭路，你轉船歸去、轉船歸去。【老旦】咳，後面報馬又到哩。

【前腔】【丑扮報子上】萬騎胡奴，他要塹斷長淮塞五湖。老爺快行，休遲誤。小的先去也。怕圍城緩急要降胡。【下】【老旦哭介】待何如？你星霜滿鬢當戎虜，似這烽火連天各路衢。【外】真愁促，怕揚州隔斷無歸路。再和你相逢何處、相逢何處？夫人，就此告辭了。揚州定然有警，可徑走臨安。

【短拍】老影分飛，老影分飛，似參軍杜甫，把山妻泣向天隅。【老旦哭介】無女一身孤，亂軍中別了夫主。【合】有什麼命夫命婦，都是些鰥寡孤獨！生和死，圖的箇夢和書。

【尾聲】【老旦】老殘生兩下裏自支吾。【外】俺做的是這地頭軍府。【老旦】老爺也，珍重你這滿眼兵戈一腐儒。【外下】【老旦下】

隋隄風物已凄涼，吳融　楚漢寧教作戰場。韓偓　閨閤不知戎馬事，羅鄴　雙雙相趁下殘陽。薛濤

第四十三齣　禦淮

【六幺令】【外引生、末、衆扮軍人上】西風揚子讒，漫騰騰殺氣兵妖。望黃淮秋捲浪雲高。排雁陣，展《龍韜》，斷重圍殺過河陽道。【外】走乏了！衆軍士，前面何處？【衆】淮城近了。【外望介】天呵！【昭君怨】剩得江山一半，又被胡笳吹斷。【衆】

中国古典四大名著

三五

第四十二齣　　第四十一齣

享世亭

秋草舊長管，血風腥。【外】聽得猿啼鶴怨，淚濕征袍如汗。你看咫尺淮城，兵勢危急。俺們一邊搶死先衝入城，一面奏請朝廷添兵救助。三軍聽吾號令，鼓勇而行。【衆】老爺呵！無淚向天傾，且前征。【外】俺的兒【衆哭應介】謹如軍令。

城怎生料！【外】前面寇兵截路，衝殺前去。【合下】

【四邊靜】【行介】坐鞍心把定中軍號，四面旌旗搖。旗開日影搖，塵迷日光小。【合】胡兵氣驕，南兵路遙。血暈幾重圍，孤月又把去珠淘。

【前腔】【末扮衆軍喊上】李將軍射雁穿身落，豹子翻身嚼。單尖寶鐙挑，把追風膩旗兒裹。【合前】

看俺溜金王手下，雄兵萬餘，把淮陰城圍了七週遭。好不緊也！【內擂鼓喊介】【淨】呀，前路兵風，想是杜安撫來到。分兵領取背城一戰。

【番卜算】【老旦、末扮文官上】枕淮樓，臨海際。

【金錢花】【外引衆上】連天殺氣蕭蕭條，蕭條。連城圍了週遭，週遭。風喇喇，陣旗飄。叫開城，下吊橋。【老旦等上】【合】文和武，

【前腔】【外】胡塵染惹征袍，征袍。血花風腥寶刀，寶刀。【內播鼓介】淮安鼓，揚州簫。擺鸞旗，登麗譙。【合】排衙了，列功曹。

【老旦等跪上】文武官屬，迎接老大人。【外】起來，敵樓相見。【老旦等應，起下】

【粉蝶兒引】【外】萬里寄龍韜，那得戍樓清嘯？【貼報門介】文武官屬進。【老旦等參見介】孤城累卵，方當萬死之危，開府弄丸，來赴兩家之難。凡俺官僚，禮當拜謝。【外】兵鋒四起，勞苦諸公，皆老夫遲慢之罪，只長揖便了。【衆起起揖介】【外】看來此賊頗有兵機。放俺入城，其中有計。【衆】不過穿地道，起雲梯，下官粗知備禦。【外】怕的是鎖城之法耳。【丑】敢問何謂鎖城？是裏面鎖，外面鎖？外面鎖，鎖住了溜金王；若裏面鎖，連下官都鎖住了。【外】不提起罷了。城中兵幾何？【淨】一萬三千。【外】糧草幾何？【末】可支半年。【外】文武同心，救援可待。【內擂鼓喊介】【生扮報子上】報，報，李全兵緊圍了。【外長嘆介】這賊好無理也。

【劃鍬兒】兵多食廣禁圍遶，則要你文班武職兩和調。【衆】巡城徹昏曉，這軍民苦勞。【內喊介】【泣介】【合】那兵風正號，俺軍聲靜悄。【外拜天，衆扶同拜介】淚灑孤城，把蒼天暗禱。

【前腔】【衆】危樓百尺堪長嘯，籌邊兩字寄英豪。【外】江淮未應小，君侯佩刀。【合前】【外】從今日起，文官守城，武官出城，隨機策應。【丑】則怕大金家兵來了。【外】金兵呵！

【尾聲】他看頭勢而來不定交，休先倒折了趙家旗號。便來呵，也少不得死裏求生那一著敲。

【淨】日日風吹虜騎塵，陳標　【丑】三千犀甲擁朱輪。陳陶　【外】胸中別有安邊計，曹唐　【衆】莫遣功名屬別人。張籍

第四十四齣　急難

【菊花新】【旦上】曉妝臺圓夢鵲聲高，閒把金釵帶笑敲。博山秋影搖，盼泥金俺明香暗焦。「鬼魂求出世，貧落望登科。夫榮妻貴顯，凝盼事如何？」俺杜麗娘跟隨柳郎科試，偶逢天子招賢，只這些時還遲喜報。正是：「長安咫尺如千里，夫婿迢遙第一人。」

【出隊子】【生上】詞場湊巧，無奈兵戈起禍苗。盼泥金賺殺玉多嬌，他待地窟裏隨人上九霄。一脈離魂，江雲暮潮。【見介】【旦】柳郎，你回來了。望你高車畫錦，爲何徒步而回？【生】聽俺道來……

【瓦盆兒】去遲科試，收場鎖院散羣豪。【旦】咳，原來去遲了。【生】喜逢著舊知交。【旦】可曾補上？【生】虧他滿船明月又把去珠淘。【旦喜介】好了。放榜未？【生】恰正在奏龍樓，開鳳榜，蹊蹺……【旦】怎生蹊蹺？【生】你不知大金家兵起，

殺過淮揚來了。忙喇煞細柳營，權將杏苑拋，剛剛遲誤了你夫人花誥。〔旦〕遲也不爭幾時。則問你，淮揚地方，便是俺爹爹管轄之處了？〔生〕便是。〔旦哭介〕天也，俺的爹娘怎心焦？〔泣介〕〔生〕直恁的活擦擦、痛生生，腸斷了。比如你在泉路裏可曾知？則問你，淮揚地方，便是俺爹爹管轄之處了。〔旦〕罷了。奴有一言，未忍啓齒。〔旦哭介〕

〔旦〕柳郎，放榜之期尚遠，欲煩你淮揚打聽爹娘消耗，未審許否？〔生〕謹依尊命。奈放小姐不下。〔旦〕不妨，奴家自會支吾。〔生〕這等就此起程了。

【榴花泣】〔旦〕白雲親舍，俺孤影舊梅梢。道香魂恁寂寥，怎知魂向你柳枝銷。維揚千里，長是一靈飄。回生事少，爹娘呵，怎寂寥？〔生〕的俺活在人間驚一跳。平白地鳳壻過門，好似半青天鵲影成橋。

【前腔】〔生〕俺且行且止，兩處係心苗。要留旅店伴多嬌……〔旦〕有姑姑爲伴。〔生〕陰人難伴你這冷長宵。把心兒不定，怕一時榜下歸難到。怕你舊魂飄。〔旦〕再不飄了。〔生〕俺文高中高，怕一時榜下歸難到。名標，大拜門喧笑，抵多少駙馬還朝。

【漁家燈】〔旦嘆介〕說的來似怪如妖，怕爹爹執古妝喬。〔想介〕有了，將奴春容帶在身傍。但見了一幅春容，少不的問俺半子怎惜攀高。小姐，卑人拜見岳翁岳母，起頭便問及回生之事了。〔旦泣介〕俺爹娘呵！〔生〕你念雙親捨的離情，俺偶然注定的姻緣到，驀踏著墓墳開了。〔生〕說你先到俺書齋纏好。〔生〕問時怎生打話？〔旦〕則說是天曹，偶然注定的姻緣到，驀踏著墓墳開了。〔生〕下根苗。〔生〕問時怎生打話？

〔淨上〕〔旦〕雨傘晴兼雨，春容秋復春。包袱雨傘在此。

【尾聲】〔拜別介〕〔旦〕秀才朗探的箇門楣著，〔生〕報重生這歡聲不小，〔淨上〕

〔生〕不爲經時謁丈人，劉商
〔旦〕囊無一物獻尊親，元稹
〔生〕馬蹄漸入揚州路，章孝標
〔旦〕兩地各傷無限神。杜甫

第四十五齣　寇間

元稹

【包子令】〔老旦、外扮賊兵巡哨上〕大王原是小嘍囉，嘍囉。娘娘原是小旗婆，旗婆。立下箇草朝廷恁快活，虧心又去搶山河。〔唱前合下〕

【大迓鼓】生員陳最良，南安人氏，訪舊淮揚。〔淨〕訪誰？〔末〕便是杜安撫。他後堂曾設扶風帳。〔丑〕你原來他衙中教學。幾箇學生？〔末〕則他甄氏夫人，單生下一女。女書生年少亡。〔丑〕還有何人？〔末〕義女春香，夫人伴房。〔丑笑背介〕一向不知杜老家中事體。今日得知，吾有計矣。〔回介〕這腐儒，且帶在轅門外去。〔衆應，押末下介〕〔丑〕大王，奴家有了一計。昨日殺了幾箇婦人，可於中取出首級二顆。則說杜家老小，回至揚州，被俺手下殺了。獻首在此。故意蘇放那腐儒，傳示杜老。杜老心寒，必無守城之意矣。〔淨〕高見，高見。

〔淨〕可將昨日殺的婦人首級二顆來獻，則說是杜安撫夫人甄氏和他使女春香。〔淨起低聲分付介〕叫中軍。〔生扮上〕〔淨〕俺請那腐儒講話中間，你牢記著。〔生應下〕〔淨〕左右，再拿秀才來見。〔衆押末上介〕〔末〕饒命，大王。〔淨〕你是箇細作，不可輕饒。〔丑〕勸大王鬆了他，聽他講些兵法到好。〔淨〕起來，講些兵法俺聽。〔末〕衛靈公問陳於孔子，孔子不對。〔淨〕也罷。依娘娘說，鬆了他。〔衆放末縛介〕〔末叩頭介〕叩謝大王、娘娘不殺之恩。〔淨〕這是怎麼說？〔末〕則因彼時衛靈公有箇夫人南子同座，先師所以怕得講話。〔淨〕說道：「吾未見好德如好色者也。」則因他夫人是南子，俺這娘娘是婦人。

〔內擂鼓，生扮報子上介〕報，報，報！揚州路上兵馬，殺了杜安撫家小，徑來獻首級討賞。

牡丹亭

第四十五出　寇间

三十　中国古典四大名剧

〔淨看介〕則怕是假的。〔生〕千真萬真，夫人甄氏，這使女叫做春香。〔末做看認，驚哭介〕天呵，真箇是老夫人也。

〔淨〕唗，腐儒啼哭什麼！還要打破淮城，殺杜老兒去。〔末〕饒了罷，大王。〔淨〕要饒他，除非獻了這座淮安城罷。〔末作怕介〕這等容生員去傳示大王虎威，立取回報。〔淨、五〕你去說與杜安撫呵，著什麼耀武揚威早納降。俺實實的要展江山，非是謊。〔下〕

【尾聲】顯威風、記的這溜金王。活強盜，活強盜，殺了杜老夫人、不免城中報去。〔末打躬送介〕

海神東過惡風迴，　常建
日暮沙場飛作灰。　李白
今日山翁舊賓主，　劉禹錫
與人頭上拂塵埃。　李山甫

第四十六齣　折寇

【破陣子】〔外戎裝佩劍，引衆上〕接濟風雲陣勢，侵尋歲月邊陲。〔內擂鼓喊介〕〔外嘆介〕你看虎咆般礮石連雷碎，鴈翅似刀輪密密雪霜施。李全，李全，你待要霸江山，吾在此。〔集唐〕誰能談笑解重圍，萬里胡天鳥不飛。高駢　今日海門南畔事，高駢　滿頭霜雪爲兵機。韋莊「我杜寶自到淮揚，即遭兵亂。孤城一片，困此重圍。只索調度兵糧，飛揚金鼓。生還無日，死守由天。」〔潛坐敵樓之中，追想靖康而後。中原一望，萬事傷心。

【玉桂枝】問天何意：有三光不辨華夷，把腥羶吹換人間，這望中原做了黃沙片地？〔惱介〕猛沖冠怒起，猛沖冠怒起，是誰弄的，江山如是？〔嘆介〕中原已矣，關河困，心事違。也則願保揚州，濟淮水。俺看李全賊數萬之衆，破此何難？進退遲疑其間有故。俺有一計可救圍，恨無人與遊說。〔內擂鼓介〕〔淨扮報子上〕「羽檄場中無雁到，鬼門關上有人來。」好笑，城圍的鐵桶似緊，有秀才來打秋風，則索報去。稟老爺：有箇故人相訪。〔外〕敢是奸細？〔淨〕說是江右南安府陳秀才。〔外〕這迂儒怎生飛的進來？快請見。

【浣溪沙】〔末上〕擺旌旗，添景致，又不是鬧元宵鼓礮齊飛。杜老爺在那裏？〔外出笑迎介〕忽聞的千里故人誰？〔嘆介〕原來是先生到此。教俺驚垂淚。〔末〕老公相頭通白了。〔合〕白首相看俺與伊，三年一見愁眉。〔拜介〕〔末〕〔集唐〕「頭白乘驢懸布囊　盧綸　〔外〕故人相見憶山陽　譚用之。〔末〕橫塘一別千餘里　許渾，〔外〕卻認並州作故鄉　賈島。」〔末〕恭諗公相，又苦傷老夫人回揚州，被賊兵所算了。〔外驚介〕怎知道？〔末〕生員在賊營中，眼同驗過老夫人首級，和春香都殺了。

〔外哭介〕天呵，痛殺俺也！

【玉桂枝】相夫登第，表賢名甄氏吾妻。稱皇宣一品夫人，又待伴俺立雙忠烈女。想賢妻在日，想賢妻在日，淒然垂淚，儼然冠帔。〔外哭倒，衆扶介〕〔末〕我的老夫人，老夫人怎了！你將官們也大家哭一聲兒麼！〔衆哭介〕老夫人呵！〔外作惱拭淚介〕呀，好沒來由！夫人是朝廷命婦，罵賊而死，理所當然。我怎爲他亂了方寸，灰了軍心？身爲將，怎顧的私？任恓惶，百無悔。陳先生，溜金王還有話麼？〔末〕不好說得，他還要殺老先生。〔外〕咳，他殺俺甚意兒？俺殺他全爲國。〔末〕依了生員，兩下都不要殺。〔做扯外耳語介〕那溜金王要這座淮安城。〔外〕噤聲！那賊營中是一箇座位，是兩箇座位？〔末〕這等，吾解此圍必矣。先生竟爲何來？〔末〕老先生不問，幾乎忘了。爲小姐墳兒被盜，徑來相報。與賊何仇？都則爲那些寶玩害了也。賊是誰。〔末〕老公相去後，道姑招了箇嶺南遊棍柳夢梅爲伴。見物起心，一夜劫墳逃去。屍骨丟在池水中。因此不遠千里而告。〔外嘆介〕女墳被發，夫人遭難。正是：「未歸三尺土，難保百年身。既歸三尺土，難保百年墳。」也索罷了，則可惜先生一片好心。〔末〕生員拜別老公相後，一發貧薄了。〔外嘆介〕軍中倉卒，無以爲情。我把一大功勞，先生幹去。〔末〕願效勞。〔外〕我久寫下咫尺之書，要李全解散三軍之衆。餘無可使，煩公一行。左右，取過書儀來。儻說得李全降順，便可歸奏朝廷，自有箇出身之處。〔雜取書禮介〕「儒生三寸舌，將軍一紙書。」書儀在此。〔末〕途費謹領。送書一事，其實怕人。〔外〕不妨。

【榴花泣】兵如鐵桶，一使在其中。將折簡、去和戎。陳先生，你志誠打的賊兒通。雖然寇盜奸雄，他也相機而動。〔末〕恐遊說非書生之事。〔外〕看他開圍放你來，其意可知。你這書生正好做傳書用。〔末〕仗恩臺一字長城，借寒儒八面威風。〔內鼓吹介〕

【尾聲】戍樓羌笛話匆匆。事成呵，你歸去朝廷沾寸寵，這紙書敢則是保障江淮第一封。

〔外〕隔河征戰幾歸人？　劉長卿
〔末〕五馬臨流待幕賓。　盧綸
〔外〕勞動先生遠相訪，　王建
〔末〕恩波自會惜枯鱗。　劉長卿

第四十七齣　圍釋

拜月亭

第四十六齣

三八

中國古典四大名劇

【出隊子】【貼扮番通事上】一天之下，南北分開兩事家。中間放著箇蓼兒注，明助著番家打漢家。通事中間，撥嘴撩牙。事有足詫，理有必然。自家溜金王麾下一名通事便是。好笑，好笑，俺大王助金圍宋，攻打淮城，誰知北朝暗地差人去到南朝講話。正是：「暫通禽獸語，終是犬羊心。」【下】

【雙勸酒】【淨引眾上】橫江虎牙，插天鷹架，衝車甲馬。擂鼓揚旗，把座錦城墻、圍的陣雲花。杜安撫、你有翅難加。自家溜金王。攻打淮城，日久未下。外勢雖然虎踞，中心未免狐疑。一來怕南朝大兵兼程策應，二來怕北朝見責委任無功。待娘娘到來計議。【丑上】「驅兵捉將蚩尤女，捏鬼妝神豹子妻。」大王，你可聽見大金家有人南朝打話，回到俺營門之外了？【淨】有這事？【老旦扮番將帶刀騎馬上】

【北夜行船】大北裏宣差傳站馬，虎頭牌滴溜溜的分花。【外扮馬夫趕上介】滑了，滑了，【老旦】那古裏誰家？跑番了拽喇，怎生呵，大營盤沒箇人兒答煞。【外大叫介】溜金爺，北朝天使到來。【下】【淨、丑作慌介】快叫通事請進。【貼上，接跪介】溜金王患病了。請那顏進。【老旦】可纏、可纏道句兒克卜喇。【下坐介】都兒都兒。【貼】做看丑拏手，老旦做惱不回介】指淨介】鐵力溫都答喇。【淨問貼介】怎麼說？【貼】惱了。【淨】惱了？【老旦做看丑笑介】忽伶忽伶。【丑問貼介】【貼】嘆娘娘生的妙。【老旦】克老克老。【貼】說走渴了。【淨】卻怎了？【老旦做看叫馬乳酒。【老旦】約兒兀只。【淨叫介】快取羊肉、乳酒來。【外持酒肉上】【老旦手足做忙喫，【貼】將羊油手擦胸介】一六兀剌的。【貼】要燒羊肉、【淨叫介】【外持酒肉上】【老旦瀝酒，取刀割羊肉喫，笑、【貼】倒喇倒喇。【丑笑介】怎說？【貼】要娘娘唱箇曲兒。【老旦作醉介】鎖陀八，鎖陀八。【貼】說醉了。【老旦作看五介】

【前腔】持鎗舞介】冷梨花點點風兒刮，裊得腰身乍。胡旋兒打一車，花門折一花。【貼】這便是唱喏，叫唱一直。【老旦笑點頭招五介】拍袖笑倒介】忽伶忽伶。【貼扶起老旦介】【老旦擺手倒地介】阿來不來。【貼】

【北清江引】呀，啞觀音覷著個番答辣，胡蘆提笑倒來。兀那是都麻，請將來岸答。撞門兒一句咬兒只不毛古喇。通事，我斟一杯酒，【老旦反背，【貼】又央娘娘舞一回。【丑】使得，取我梨花鎗過來。哈嗷哈嗷。【貼】要問娘娘。【丑笑介】問什麼？【老旦扯丑輕說介】哈嗷兀該毛克喇，毛克喇。【丑笑問貼介】怎說？【貼作搖頭介】問娘娘討件東西。【丑笑介】討甚麼？【貼】通事不敢說。【老旦笑倒介】古魯古魯。【淨背叫貼問介】他要娘娘什麼東西？古魯古魯不住的。【貼】這件東西，是要不得的。便要時，則怕娘娘不捨的。【老旦笑倒介】古魯古魯。小的也不捨的。便是娘娘捨的，大王也不捨的。【淨作惱介】氣也，氣也。【淨】甚東西，直恁捨不的？【貼】他這話到明，哈嗷兀該毛克喇，要娘娘有毛的所在。【淨作惱介】這臊子好大膽，快取鎗來。【淨作持花鎗趕殺介】【貼扶醉老旦走，老旦提酒壺叫「古魯古魯」架住鎗介】

【北尾】【淨】你那醋葫蘆指望把梨花架，臊奴，鐵圍墻敢靠定你大金家。【搦倒老旦介】則端著你那幾莖兒苫嘴的赤支砂，把那嗤腥臊的嗅子兒生搭殺。【丑扯住淨，放老旦介】【老旦】曳喇曳喇哈哩。【指淨介】力妻吉丁母剌失，力妻吉丁母剌失。【作閃袖走下介】【淨】氣殺我也。那曳喇哈的什麼？【貼】叫引馬的去。【淨】怎指著我力妻吉丁母剌失？【貼】這要奏過他主兒，叫人來相殺。【淨作惱介】【丑】老大王，你可也當著不著的。【淨】啐，著了你那毛克喇哩。【丑】便許他在那裏，你卻也忒撚酸。【淨不語介】正是我一時風火性。大金家得知，這溜金王到有些欠穩。【丑】便是番使南朝而回，未必其中有話。【淨】娘娘高見何如？【丑】容奴家措思。【內擂鼓介】【貼扮報子上】報，報，報！前日放去的秀才，從淮城中單馬飛來。道有緊急，投見大王。【丑】恰好，著他進來。

【縷縷金】【末上】無之奈，可如何！書生承將令，強嘍囉。【內喊，末驚跌介】一聲金砲響，將人跌蹉。可憐、可憐！密札札干戈，其間放著我。【貼唱門介】生員進。【末見介】萬死一生生員陳最良百拜大王殿下，娘娘殿下。【淨】杜安撫獻了城池？【末】城池不爲希罕，敬來獻一座王位與大王。【淨】寡人久已爲王了。【末】正是官上加官，職上添職。杜安撫有書呈上。【淨看書介】「通家生杜寶頓首李王麾下」。【問末介】秀才，我與杜安撫有何通家？【末】漢朝有箇李、杜至交，唐朝也有箇李、杜契友，因此杜安撫斗膽稱箇通家。【淨】這老兒好意思。書有何言？

【一封書】【讀書介】「聞君事外朝，虎狼心，難定交。肯回心聖朝，保富貴，全忠孝。平梁取采須收好，背暗投明帶早超。憑陸賈，說莊蹻。顒望麾慈即鑒照。」【笑介】這書勸我降宋，其實難從。「外密啓一通，奉呈遵閫夫人。」【笑介】杜安撫也畏敬娘娘哩。【丑】你念我聽。【淨看書介】「通家生杜寶斂袵楊老娘娘帳前。」咳也，杜安撫與娘娘，又通家起來。【末】大王通得去，娘娘也通得去。

半升亭

第四十七齣
第四十六齣

三式

中國古典四大名劇

牡丹亭

〔淨〕也通得去。〔末〕娘娘肯斂衽而朝，安撫敢不斂衽而拜！〔丑〕說的好。〔末〕細念我聽。〔淨念書介〕「通家生杜寶斂衽楊老娘娘帳前：遠聞金朝封貴夫爲溜金王，並無封號及於夫人。此何禮也？杜寶久已保奏大宋，欵封夫人爲討金娘娘之職。伏惟妝次鑒納。不宣。」好也，到先替娘娘討了恩典哩。〔丑〕陳秀才，封我討金娘娘，難道要我征討大金家不成？〔末〕受了封誥後，但是娘娘要金子，都來宋朝取用。因此叫做討金娘娘。〔丑〕這等是你宋朝美意，〔淨〕也說宋朝之美。〔丑〕依你說。我冠兒上金子，成色要高。我是帶盔兒的娘子。近時人家首飾渾脫，就一箇盔兒，要你南朝照樣打造一付送我。〔末〕都在陳最良身上。〔淨〕你只顧討金討金，把我這溜金王，溜在那裏？〔丑〕謝承了。〔末叩頭介〕則怕大王、娘娘退悔。〔丑〕俺主意定了。便寫下降表，齎發秀才回奏南朝去。

【前腔】〔淨〕歸依大宋朝，怕金家成禍苗。〔丑〕秀才，你擔承這遭，要黃金須任討。你黑海岸回頭星宿高。〔合〕便休兵，隨聽招。免的名標在叛賊條。〔淨〕秀才，公館留飯。

【尾聲】〔淨〕咱比李山兒何足道，這楊令婆委實高。〔末〕帶了你這一紙降書，管取那趙官家歡笑早。星夜草表送行。〔末下〕

〔淨〕娘娘，則爲失了一邊金，得了兩條王。人要一箇王不能勾，俺領下兩箇王號。豈不樂哉！〔丑〕不要慌，還有第三箇王號。〔淨〕什麽王號？〔丑〕叫做齊肩一字王。〔淨〕怎麽？〔丑〕殺哩。〔淨〕隨順他，又殺什麽？〔丑〕你俺兩人作這大賊，全仗金鑾子威勢。如今反了面，南朝拿你何難。〔淨作惱介〕哎喲，俺有萬夫不當之勇，何懼南朝！〔丑〕你真是箇楚霸王，不到烏江不止。〔淨〕胡說！便作俺做楚霸王，要你做虞美人，定不把趙康王占了你去。〔丑〕罷，你也做楚霸王不成，奴家的虞美人也做不成。換了題目做。〔淨〕什麽題目？〔丑〕范蠡載西施。〔淨〕五湖在那裏？——去做海賊便了。〔丑作分付介〕衆三軍，俺已降順了南朝。暫解淮圍，海上伺候去。〔衆應介〕解圍了。〔内鼓介〕船隻齊備了，稟大王起行。〔衆行介〕

【江頭送別】淮揚外，淮揚外，海波搖動。東風勁，東風勁，錦帆吹送。招安後，招安後，再交兵言重。險做了爲金家傷炎宋。權袖手，做個混海癡龍。〔衆〕

【前腔】順天道，順天道，放些兒閒空。招安後，奪取蓬萊爲巢洞，鰲背上立著旗峯。稟大王娘娘，出海了。〔淨〕且下了營，天明進發。

〔淨〕干戈未定各爲君，　許渾　〔丑〕龍鬪雌雄勢已分。　常建　〔淨〕獨把一麾江海去，　杜牧　〔衆〕莫將弓箭射官軍。

寶鞏

牡丹亭

第四十七齣　第四十八齣

四〇

中國古典四大名劇

第四十八齣　週母

〔十二時〕〔旦上〕不住的相思鬼，把前身退悔。土臭全消，肉香新長。嫁寒儒客店裏孤栖。〔淨上〕又著他攀高謁貴，〔浣溪沙〕〔旦〕寂寞秋窗冷簟紋，〔旦〕明瑠玉枕舊香塵，〔旦〕斷潮歸去夢郎頻。〔淨〕桃樹巧逢前度客，〔合〕翠煙真是再來人。

〔旦〕姑姑，奴家喜得重生，嫁了柳郎。只道一舉成名，回去拜訪爹娘。誰知朝廷爲著淮南兵亂，開榜稽遲。我爹娘正在圍城之内，只得賣發柳郎往尋消耗，撇下奴家錢塘客店。你看那江聲月色，淒愴人也。〔淨〕小姐，比你黃泉之下，景致爭多。〔旦〕這不在話下。

【針線廂】雖則是荒村店江聲月色，但說著填窩裏前生今世，則這破門簾亂撒星光内，煞強似洞天黑地。姑姑呵，三不歸父母如何的？七件事兒夫家靠誰？心悠曳，不死不活，睡夢裏爲箇人兒。〔淨〕似小姐的罕有。

【前腔】伴著你半間靈位，又守見你一房夫壻。〔旦〕那夜搜尋秀才，知我閃在那裏？〔淨〕則道畫幀兒怎放的箇人迴避，做的事兒瞞神諕鬼。〔旦〕昏黑了，你看月兒黑黑的星兒晦，螢火青青似鬼火吹。〔旦〕好上燈了。〔淨〕沒油，黑坐地，三花兩燄。留的你照解羅衣。〔旦〕夜長難睡，還向主家借些油去。〔淨〕你院子裏坐坐，咱去借來。〔合著油瓶蓋，踏碎玉蓮蓬。〕

〔旦玩月嘆介〕

【月兒高】〔老旦、貼行路上〕江北生兵亂，江南走多半。不載香車穩，跋的鞋輕斷。夫主兵權，望天涯生死如何判。前呼後擁，一箇春香伴。鳳髻消除，打不上揚州纂。上岸了到臨安。趁黃昏黑影林巒，生忔察的難投館。〔貼〕且喜到臨安了。〔老旦〕咳，萬死一逃生，得到臨安府。俺女娘無處投，長路多孤苦。〔貼〕前面像是箇半開門兒，蕘了進去。〔老旦進介〕呀，門房空靜，内可有人？〔旦〕誰？〔貼〕是箇女人聲息。待打叫一聲開門。

【不是路】〔旦驚介〕斜倚雕闌，何處嬌音喚啓關？〔老旦〕行程晚，女娘們借住雲兒間，待自起開門月下看。〔見介〕〔旦〕是一位女娘，請裏坐。〔老旦〕相提盼，人間天上行方便。〔旦〕趨迎遲慢，趨迎遲慢。〔照面介〕〔老旦作驚介〕

〔前腔〕破屋頹椽，姐姐呵，你怎獨坐無人燈不燃？〔旦〕這閒庭院，玩清光長送過這月兒圓。〔老旦背叫貼〕春香，這像誰來？〔貼驚介〕不敢說，好像小姐。〔老旦〕你快瞧房兒裏面，還有甚人？若沒有人，敢是鬼也？〔貼下〕〔旦背〕這位女娘，好像我母親，那丫頭好像春香。〔作回問介〕敢問老夫人，何方而來？〔老旦嘆介〕自淮安，我相公是淮揚安撫、遭兵難，我避虜逃生到此間。〔旦背介〕是我母親了，我可認他？〔貼慌上，背語老旦介〕一所空房子，通沒箇人影兒。是鬼，是鬼！〔老旦作怕介〕〔旦〕聽他說起，是我的娘也。〔旦向前哭娘介〕〔老旦作避介〕敢是我女孩兒？怎慢了你，你活現了。春香，有隨身紙錢，快丟，快丟。〔貼丟紙錢介〕〔旦〕兒不是鬼。〔老旦〕不是鬼，我叫你三聲，要你應我一聲高如一聲。〔做三叫三應，聲漸低介〕〔旦〕是鬼也。〔貼丟紙錢介〕〔旦〕手恁般冷。〔老旦〕兒，你女兒有話講。〔老旦〕則略靠遠。〔旦〕那些活現？〔旦扯老旦作怕介〕〔老旦〕是我的娘也。〔貼叩頭介〕小姐，休要撚了春香。〔老旦〕兒，冷淋侵，一陣風兒旋，這般活現？〔旦哭介〕你這等怕，女孩兒死不放娘去了。

【前腔】腸斷三年，怎墜海明珠去復旋，託夢一箇書生把墓端穿。〔旦〕爹娘面，陰司裏憐念把魂還。〔貼〕小姐，你怎生出的墳來？〔旦〕是怎生來？則感的是東嶽大恩眷。〔老旦〕書生何方人氏？〔旦〕是嶺南柳夢梅。〔貼〕好難言。〔老旦〕怪哉，當真有箇柳和梅。〔旦〕怎同他來此？〔老旦〕這等是箇好秀才，快請相見。〔旦〕我央他看淮揚動靜去把爹娘探，因此上獨眠深院，獨眠深院。〔老旦背與貼語介〕有這等事？〔貼〕便是，難道有這樣出跳的鬼？〔老旦回泣介〕

【前腔】〔淨持燈上〕門戶牢拴，爲甚空堂人語喧？〔燈照地介〕這青苔院，怎生吹落紙黃錢？〔貼〕夫人，來的不是道姑？〔老旦〕是鬼也。〔旦〕姑姑快來，奶奶害怕。〔貼〕怎同他來此？〔老旦〕這等是箇好秀才，快請相見。〔旦〕我央他看淮揚動靜。〔淨扯老旦，照旦介〕休疑懼。移燈就月端詳遍，可是當年人面？〔合〕是當年人面。〔老旦抱旦泣介〕兒呵，便是鬼，娘也捨不的去了。

〔淨驚介〕呀，老夫人和春香那裏來？這般大驚小怪。看他打盤旋，那夫人呵，怕漆燈無燄將身遠。小姐，恨不得幽室生輝得近前。

【番山虎】則道你烈性上青天，端坐在西方九品蓮，不道三年鬼窟重相見。哭得我手麻腸寸斷，心枯淚點穿。夢魂沈亂，我神情倒顛。看時兒立地，叫時娘各天。怕你茶飯無澆奠，牛羊侵墓田。〔合前〕今夕何年？今夕何年？嗳，還怕這相逢夢邊。

【前腔】〔旦泣介〕你拋兒淺土，骨冷難眠。喫不盡爺娘飯，江南寒食天。可也不想有今日，也道不起從前。似這般糊突謎，甚時明白也天！鬼不要，人不嫌，不是前生斷，今生怎得連！〔合前〕〔老旦〕老姑姑，也虧你守著我兒。

【前腔】〔淨〕近的話不堪提嗊，早森森地心疏體寒。空和他做七做中元，怎知他成雙成愛眷？〔低與老旦介〕我捉鬼拿姦，知他影戲兒做的恁活現？〔合〕這樣奇緣，這樣奇緣，打當了輪迴一遍。

【前腔】〔貼〕論魂離倩女是有，知他三年外靈骸怎全？則他三年不鋪其孝筵，那節兒夫人不哀哉醮薦？早知道你撇離了陰司，跟了人上船！〔合前〕

【前腔】相思鬼穿，你從夫意專。那一日春香不舖床，少箇郎官，誰想他爲院君這宅院。小姐呵，你做的

【尾聲】〔老旦〕感得化生女顯活在燈前面。則你的親爹，他在賊子窩中沒信傳。〔旦〕娘放心，有我那信行的人兒，他六地通天，打聽的遠。

想象精靈欲見難，　歐陽詹
碧桃何處便驂鸞？　薛逢
莫道非人身不煖，　白居易
菱花初曉鏡光寒。　許渾

第四十九齣　淮泊

【三登樂】〔生包袱、雨傘上〕有路難投，禁得這亂離時候！走孤寒落葉知秋。爲嬌妻思岳丈，探聽揚州。又誰料他困守淮揚，索奔前答救。〔集唐〕「那能得計訪情親　李白？濁水污泥清路塵　韓愈。自恨爲儒逢世難　盧綸，卻憐無事是家貧　韋莊。」

俺柳夢梅陽世寒儒，蒙杜小姐陰司熱寵，得爲夫婦，相隨赴科。且喜殿試攙過卷子，又被邊報耽誤榜期。因此小姐呵，聞說他尊翁淮揚兵急，叫俺沿路上體訪安危。親齋一幅春容，敬報再生之喜。雖則如此，客路貧難，諸凡路費之資，盡出壙中之物。其間零碎寶玩，急切典賣不來。有些成器金銀，土氣銷鎔有限。兼且小生看書之眼，並不認的等子星兒。一路上賺騙無多，逐日裏支分有盡。得到揚州地面，恰好岳丈大人移鎮淮城。賊兵阻路，不敢前進。且喜因循解散，不免迤邐數程。

【錦纏道】早則要、醉揚州尋杜牧，夢三生花月樓，怎知他長淮去休！那裏有纏十萬順天風、跨鶴閒遊！則索傍漁樵尋食宿、敗荷衰柳，添一抹五湖秋。那秋意兒有許多迤逗！咱功名事未酬，冷落我斷腸閨秀。堪回首？算江南江北有十分愁。一路行來，且喜看見了插天高的淮城，城下一帶清長淮水。那城樓之上，還挂有丈六闊的軍門旗號。大吹大擂，想是日晚掩門了。且尋小店歇宿。

〔丑上〕「多攬白水江湖酒，少賺黃邊風月錢。」秀才投宿麼？〔生進店介〕〔丑〕要果酒，案酒？〔生〕天性不飲。〔丑〕柴

牡丹亭

第四十八齣

四一

中国古典四大名剧

米是要的？〔生〕喫倒算。〔丑〕算倒喫。〔生〕花銀五分在此。〔丑〕高銀散碎些，待我稱一稱。〔稱介，作驚叫介〕銀子走了。

〔尋介〕〔生〕怎的大驚小怪？〔丑〕秀才，銀子地縫裏走了。你看碎珠兒。〔生〕這等還有幾塊在這裏。〔丑接銀又走，三度介〕

呀，秀才原來會使水銀？〔生〕因何是水銀？〔背介〕是了，是小姐殯斂之時，水銀在口。龍含土成珠而上天，鬼含汞成丹而出世，

理之然也。此乃見風而化。原初小姐死，水銀也死；如今小姐活，水銀也活了。則可惜這神奇之物，世人不知。〔回介〕也罷了。

【皂羅袍】〔生作笑介〕你說金貂玉佩，那裏來的？破詩書萬卷，筆蕊千花。是我差了，這原不是換酒的東西。〔丑笑介〕神仙留玉佩，

來探望他。〔丑驚介〕喜是相公說的早，杜老爺多早發下請書了。〔生〕請書那裏？〔丑〕兀的不是！〔生〕這是告示居民的。〔丑〕便是。你瞧！

明日不走了。〔丑〕餓死在這？〔生笑介〕你讀書人把筆安天下，金貂玉佩書無價。你還不知道，這把雨傘可好？便是千金小姐，依然嫁他。

一朝臣宰，端然拜他。〔生〕要他則甚？〔丑〕有朝貨與帝王家，金貂玉佩無價。你認的淮揚杜安撫？金貂玉佩無價。〔生〕誰不認的！

【前腔】「禁爲閒遊姦詐，地方稟拿。」下面說小的了…「扶同歇宿，罪連主家。」爲此須至關防者。右示通知。建炎三十二年五月日示。

杜老爺是巴上生的…「自三巴到此，萬里爲家。不教子姪到官衙，從無女壻親聞雜。」這句單指你相公…「若有假充行騙，

你看後面安撫司杜大花押。上面蓋著一顆「欽差安撫淮揚等處地方提督軍務安撫司使之印」，鮮明紫粉。相公，相公，你在此消

停，小人告回了。「各人自掃門前雪，休管他家屋上霜。」〔下〕〔生哭介〕我的妻，你怎知丈夫到此悽惶無地也。〔作望介〕呀，

前面房子門上有大金字，咱投宿去。〔看介〕四箇字…「漂母之祠」。怎生叫做漂母之祠？〔看介〕原來壁上有題…「昔賢懷一飯，

【鶯皂袍】〔拜介〕垂釣楚天涯，瘦王孫，遇漂紗。楚重瞳較比這秋波瞷。太史公表他，淮安府祭他，甫能勾一飯千金價。

〔生〕此事已千秋。乃前朝淮陰侯韓信之恩人也。我想起來，那韓信是箇假齊王，尚然有人一飯，俺柳夢梅是箇真秀才，要杯

冷酒不能夠！像道漂母，俺拜他一千拜。

看古

第五十齣　鬧宴

【梁州令】〔外引丑衆上〕長淮千騎雁行秋，浪捲雲浮。思鄉淚國倚層樓。〔合〕看機遘，逢奏凱，且遲留。〔昭君怨〕「萬里

封侯岐路，幾兩英雄草履。秋城鼓角催，老將來。烽火平安昨夜，夢醒家山淚下。兵戈未許歸，意徘徊。」我杜寶身爲安撫，時

值兵衝。圍絕救援，貽書解散。李寇既去，金兵不來。中間善後事宜，且自看詳停當。分付中軍門外伺候。〔衆下〕〔丑把門介〕

〔外嘆介〕雖有存城之歡，實切亡妻之痛。〔淚介〕我的夫人呵，昨已單本題請他的身後恩典，兼求賜假西歸。未知旨意如何？正是…

「功名富貴草頭露，骨肉團圓錦上花。」〔看文書介〕

【金蕉葉】〔生破衣巾攜春容上〕窮愁客愁，正搖落鴈飛時候。〔整容介〕帽兒光整頓從頭，還則怕未分明的門楣認否？〔丑喝介〕

甚麼人行走？〔生〕是杜老爺女壻拜見。〔丑〕當真？〔生〕秀才無假。〔丑進稟介〕〔外〕關防明白了。〔問丑介〕那人材怎的？

〔丑〕也不怎的。袖著一幅畫兒。〔外笑介〕是箇畫師。則說老爺軍務不閒便了。〔丑見生介〕老爺軍務不閒。請自在。〔生〕

叫我自在，自在不成人了。〔丑〕等你去，成人不自在。〔生〕老爺可拜客去麼？〔丑〕今日文武官僚喫太平宴，牌簿都繳了。

〔生〕大哥，怎麼叫做太平宴？〔丑〕這是各邊方年例。則今年退了賊，筵宴盛些。席上有金花樹，銀臺盤，長尺頭，大元寶，

無數的。你是老爺女壻，背幾箇去。〔生〕原來如此。則怕進見之時，考一首《太平宴詩》，或是《軍中凱歌》，或是《淮清頌》，

急切怎好？且在這班房裏等著打想一篇，正是「有備無患」。〔丑〕秀才還不走，文武官員來也。〔生下〕

【梁州令】〔末扮武官上〕長淮望斷塞垣秋，喜兵甲潛收。賀昇平、歌頌許吾流。〔淨扮武官上〕兼文武，陪將相，宴公侯。請了。

〔末〕今日我文武官屬太平宴，水陸務須華盛，歌舞都要整齊。〔末、淨見介〕聖天子萬靈擁輔，老君侯八面威風。寇兵銷咫尺之書，

軍禮設太平之宴。謹已完備，望乞俯容。〔外〕軍功雖卑末難當，年例有諸公怎廢？難言奏凱，聊用舒懷。〔內鼓吹介〕〔丑持酒上〕

「黃石兵書三寸舌，清河雪酒五加皮。」酒到。

牡丹亭

第十出　第四十五出

四二

中国古典四大名剧

【梁州序】〔外澆酒介〕天開江左，地沖淮右。氣色夜連刁斗。〔末、淨進酒介〕長城一綫，何來得御君侯！喜平銷戰氣，不動征旗，一紙書回寇。那堪羗笛裏望神州！這是萬里籌邊第一樓。〔合〕乘塞草，秋風候，太平筵上如淮酒，盡慷慨，爲君壽。

【前腔】〔外〕吾皇福厚。羣才策湊，半壁圍城堅守。〔末、淨〕分明軍令，杯前借箸題籌。〔外〕我題書與李全夫婦呵，也是燕支却虜，夜月吹簫，一字連環透。不然無救也怎生休！不是天心不聚頭。〔合前〕〔內擂鼓介〕〔老旦扮報子上〕「金貂并入三公府。錦帳誰當萬里城？」報老爺奏本已下，奉有聖旨，不准致仕。欽取老爺還朝，同平章軍國大事。老夫人追贈一品貞烈夫人。〔末、淨〕平章乃宰相之職，君侯出將入相，官屬不勝欣仰。

【前腔】〔末、淨送酒介〕攬貂蟬歲月淹留，慶龍虎風雲輻輳。君侯此一去呵，看洗兵河漢，接天高秋。偏好桂花時節，天香隨馬，到長安宮闕裏報高秋，可也河上砧聲憶舊遊？〔合前〕〔外〕諸公皆高才壯歲，自致封侯。如杜寶者，白首還朝，何足道哉！

【前腔】每日價看鏡登樓，淚沾衣渾不如舊。似江山如此，光陰難又。猛把吳鉤看了，闌干拍遍，落日重回首。恨南歸草草也寄東流，〔舉手介〕你可也明月同誰嘯庾樓？〔合前〕〔生上〕「腹稿已吟就，名單還未通。」

【節節高】輾門簫鼓啾，陣雲收。君恩可借淮揚寇？貂插首，玉垂腰，金佩肘。馬敲金鐙也秋風驟，展沙隄笑拂朝天袖。〔合〕但捲取江山獻君王，看玉京迎駕把笙歌奏。〔旦、貼扮女樂上〕「壯士軍前半死生，美人帳下能歌舞。」〔營妓們叩頭〕

〔生上〕「欲窮千里目，更上一層樓。」想歌闌宴罷，小生飢困了。〔丑攔介〕餓鬼不差，〔生惱介〕你是老爺跟馬賤人，敢辱我乘龍貴壻？打不的你。〔生打丑介〕〔外問介〕軍門外誰敢喧嚷？〔丑〕老爺正喫太平宴。〔生〕我太平宴詩也想完了，太平宴還未完。〔丑〕誰叫你想來？〔生〕大哥，俺是嫡親女壻，沒奈何稟一稟。〔丑進稟介〕稟老爺，那箇嫡親女壻，沒奈何稟見。〔外〕好打！〔丑出作惱，推生走介〕〔生〕老丈人高宴未終，咱半子禮當攀鳳。」〔外〕一發中他計了。叫中軍官暫時擎下那光棍，逢州換驛，遞解到臨安監候者。〔外惱介〕〔縛生介〕〔生〕冤哉，我的妻呵！「因貪弄玉爲秦贅，且戴儒冠學楚囚。」〔下〕

〔外〕諸公不知，老夫因國難分張，心痛如割。又放著這等一箇無名子來聒噪人，愈生傷感。〔末、淨〕老夫人受有國恩，名標烈史。蘭玉自有，不必慮懷。〔外〕徑醉矣。叫樂人進酒。

【前腔】〔末、淨〕江南好宦遊。急難休，樽前且進平安酒。看福壽有，子女悠，夫人又。〔外〕老夫歸朝念切，即便起程。〔旦、貼作扶介〕〔外淚介〕閃英雄淚漬盈盈袖，傷心不爲悲秋瘦。〔合前〕〔外〕

【尾聲】明日離魂亭一杯酒。〔末、淨〕則無奈丹青聖主求。〔外笑介〕怕畫的上麒麟人白首。

〔外〕萬里沙西寇已平，李紳〔末〕東歸銜命見雙旌。張喬〔淨〕塞鴻過盡殘陽裏，耿湋〔衆〕淮水長憐似鏡清。

第五十一齣　榜下

〔老旦、丑扮將軍持瓜、鎚上〕「鳳舞龍飛作帝京，巍峨宮殿羽林兵。天門欲放傳臚喜，江路新傳奏凱聲。」請了。聖駕升殿，在此祗候。

【北點絳唇】〔外扮老樞密上〕整點朝綱，運籌邊餉，山河壯。〔淨扮苗舜賓上〕翰苑文章，顯豁的昇平象。請了，恭喜李全納款，皆老樞密調度之功也。〔外〕正此引奏。前日先生看定狀元試卷，蒙聖旨武偓文修，今其時矣。〔淨〕正此題請。呀，一箇老秀才走將來。好怪，好怪！〔末破衣巾捧表上〕「先師孔夫子，未得見周王。本朝聖天子，得覲我陳最良。」非小可也。〔見外、淨介〕生員陳最良告揖。〔淨驚介〕又是遺才告考麼？〔末〕不敢，生員是這樞密老大人門下引奏的。〔外〕則這生員，是杜安撫叫他招安了李全，便中帶有降表。故此引見。〔內響鼓，唱介〕〔末〕奏事官上御道。〔外前跪，引末後跪、叩頭介〕〔外〕掌管天下兵馬知樞密院事臣謹奏：恭賀吾主，聖德天威。淮寇來降，金兵不動。有淮揚安撫臣杜寶，敬遣南安府學生員臣陳最良奏事，帶有李全降表進呈。微臣不勝歡忭！〔內介〕杜寶招安李全一事，就著生員陳最良詳奏。〔外〕萬歲！〔起介〕〔末〕帶表生員臣陳最良謹奏：

【駐雲飛】淮海維揚，萬里江山氣脈長。那安撫機謀壯，矯詔從寬蕩。嗏，李賊快迎降，他表文封上。金主聞知，不敢兵南向。〔末〕萬歲！〔起介〕〔淨跪介〕前廷試看詳文字官臣苗舜賓謹奏：他則好看花到洛陽，咱取次擒胡到汴梁。〔內介〕奏事的午門候旨。

牡丹亭

第五十一齣

四三

中国古典四大名剧

賓謹奏：

【前腔】殿策賢良，榜下諸生候久長。亂定人歡暢，文運天開放。嗲，文字已看詳，臚傳須唱。莫遣夔龍，久滯風雲望。早是蟾宮桂有香，御酒封題菊半黃。【內介】午門外候旨。【淨】萬歲！【起行介】今當榜期，這些寒儒，卻也候久。【外笑介】則這陳秀才夾帶一篇海賊文字，到中得快。【內介】聖旨已到，跪聽宣讀。「朕聞李全賊平，金兵迴避。甚喜，甚喜。此乃杜寶大功也。杜寶已前有旨，欽取回京。陳最良有奔走口舌之才，可充黃門奏事官，賜其冠帶。其殿試進士，於中柳夢梅可以狀元。金瓜儀從，杏苑赴宴。」謝恩。」【眾呼「萬歲」起介】【眾扮雜取冠帶上】「黃門舊是鶯門客，藍袍新作紫袍仙。」【末作挽冠服介】二位老先生，告揖。【外、淨賀介】恭喜，恭喜。明日便借重新黃門唱榜了。【末】適間宣旨，狀元柳夢梅何處人？【淨】嶺南人，此生遭際的奇異。【外】有甚奇異？【淨】其日試卷看詳已定，將次進呈。恰好此生午門外放聲大哭，告收遺才。原來爲搬家小到京遲誤。學生權收他在附卷進呈，不想點中狀元。【外】原來有此！【末背想介】聽來敢便是那箇、那箇柳夢梅？他那有家小？是了，和老道姑做一家兒。【回介】不瞞老先生，這柳夢梅也和晚生有舊。【外、淨】一發可喜可賀了。

【淨】榜題金字射朝暉，　鄭畋　【外】獨奏邊機出殿遲。　王建　【末】莫道官忙身老大，　韓愈　【合】曾經卓立在丹墀。　元積

第五十二齣　索元

【吳小四】【淨扮郭駝傘、包上】天九萬，路三千。月餘程，抵半年。破虱裝衣擔壓肩，壓的頭臍偏又圓，挖喇察龜兒爬上天。哥，人山人海，那裏淘氣去？俺們把一位帶了儒巾喫宴去。正身出來，算還他席面錢。宴進士替不得。他要杏苑題詩。依你說叫去。長安東西十二門，大街都無人應，小衕衕叫去。【老旦、丑】天大大事，你在睡夢哩！聽分付。

【香柳娘】問新科狀元，問新科狀元。【內】何處人？【眾】廣南鄉貫。【內】是何名姓？【眾】柳夢梅面白無巴縫。【內】誰尋他來？【眾】是當今駕傳，要得柳如煙，繞開杏花宴。【內】俺這一帶鋪子都沒有，則瓦市王大姐家歇著箇番鬼。【眾】這等，去，去，去。【合】柳夢梅也天，柳夢梅也天。好幾箇盤旋，影兒不見。【下】

【集句】【貼扮妓上】「殘鶯何事不知秋　李後主，日日悲看水獨流　王昌齡，便從巴峽穿巫峽　杜甫，錯把杭州作汴州　林升。」奴家王大姐是也。開箇門戶在此。天，一箇孤老不見，幾箇長官撞的來。【老旦、丑上】王大姐喜哩。「柳狀元在你家。」【貼】什麼柳狀元？【眾】番鬼哩。【貼】不知道。【眾】地方報哩。

【前腔】笑花牽柳眠，笑花牽柳眠。果然風難，九街三市排場遍。柳相公呵，他行蹤杳然，他行蹤杳然。有了俏家緣，毛臊打教遍。去罷。【合前】【下】

【前腔】【淨拐杖上】到長安日邊，到長安日邊。果然風難，九街三市排場遍。柳相公呵，他行蹤杳然，他行蹤杳然。有了俏家緣，風聲兒落誰店？少不的大道上行走。那柳夢梅，你也叫柳夢梅。則拏你官裏去。【淨叩頭介】是了，梅花觀的事發了。小的不知情。

【前腔】【貼】昨日有箇狀區。【丑】房兒裏狀區去。【進房搜介】【眾】找煙花狀元，找煙花狀元。熱趕在誰邊，尋他來？【貼】則有箇狀區。麼？

【前腔】替他家種園，替他家種園，遠來探看。【眾作忙】可尋著他哩？【淨】猛紅塵透不出東君面。【眾】也罷，饒你這跌死人，跌死人！【丑作拏淨介】俺們叫柳夢梅，你也叫柳夢梅。則拏你官裏去。【淨叩頭介】是了，梅花觀的事發了。小的不知情。【眾笑介】定說你知情！是他什麼人？【淨聽裏】…老兒呵！

【前腔】【淨】長官可憐，則聽是他到南安，其餘不知。【眾】好笑，好笑！他到這臨安應試，得中狀元了。【淨驚喜介】他中了狀元？【眾】便是哩。【合前】【下】去向。狀元，他中了狀元！踏的菜園穿，攀花上林苑。長官，他中了狀元，怕沒處尋他！

牡丹亭

雍正十二画　第五十二画

四四

中国古典四大名剧

老兒，協同尋他去。

〔老〕一第由來是出身，　杜甫
〔五〕五更風水失龍鱗。　鄭谷
〔淨〕紅塵望斷長安陌，　張曙
〔合〕只在他鄉何處人？　韋莊

第五十三齣　硬拷

【風入松慢】〔生上〕無端雀角土牢中。是什麼孔雀屏風？一杯水飯東牀用，草牀頭繡褥芙蓉。天呵，繫頸的是定昏店，赤繩羈鳳；領解的是藍橋驛，配遞乘龍。〔集唐〕「夢到江南身旅羈　方干，包羞忍恥是男兒　杜牧。自家妻父猶如此　孫元晏，若問傍人那得知　崔顥！」俺柳夢梅因領杜小姐言命，去淮揚謁見杜安撫。他在衆官面前，怕俺寒儒薄相，故意不行識認，遞解臨安。想他將次下馬，提審之時，見了春容，不容不認。只是眼下悽惶也。〔淨扮獄官，丑扮獄卒持棍上〕「試喚皐陶鬼，方知獄吏尊。」咄！淮安府解來囚徒那裏？〔生見舉手介〕〔淨〕見面錢？〔生〕少有。〔五〕入監油？〔生〕也無。〔淨惱介〕哎呀，一件也沒有，大膽來舉手。〔打介〕〔生〕不要打，儘行裝檢去便了。〔五檢介〕這箇酸鬼，一條破被單，裹一軸小畫兒。〔看畫介〕〔五〕是軸觀音，送奶奶供養去。〔生〕都與你去，則留下軸畫兒。〔丑作搶畫，生扯介〕〔末扮公差上〕「僵殺乘龍壻，冤遭下馬威。」獄官那裏？〔丑揖介〕原來平章府祇候哥。〔末票示介〕平章府提取送解犯人一名，及隨身行李赴審。〔五〕人犯在此，行李在此。

【唐多令】〔外引衆上〕玉帶蟒袍紅，新參近九重。耿秋光長劍倚崆峒。歸到把平章印總，渾不是黑頭公。〔集唐〕「秋來力盡破重圍　羅鄴。入掌銀臺護紫微　李白。回頭卻嘆浮生事　李中，長向東風有是非　羅隱。」自家杜平章。因淮揚平寇，叨蒙聖恩，超遷相位。前日有箇棍徒，假充門壻，已著遞解臨安府監候。今日不免取來細審一番。〔淨、丑押生上〕〔雜扮門官唱門介〕「略知孔子三分禮，不犯蕭何六尺條。」臨安府解犯人進。〔見介〕岳丈大人拜揖。〔外坐笑介〕〔生〕人將禮樂為先。〔衆大呼喝介〕〔生長嘆介〕

【新水令】則這怯書生劍氣吐長虹，原來丞相府十分尊重，聲息兒忑洶湧。咱禮數缺通融，曲曲躬躬；他那裏半擡身全不動。〔外〕呀，我女已亡故三年。不說到寒酸，你是那色人數？犯了法，在相府階前不跪！〔生〕生員嶺南柳夢梅，乃老大人女壻。

【步步嬌】〔外〕我有女無郎，早把他青年送。剗口兒輕調閧，便做是我遠房門壻呵，你嶺南，吾蜀中，牛馬風遙，甚處裏絲羅共？〔生〕誰敢拿！敢一棍兒走秋風！指說關親，騙的軍民動。〔生〕你這樣女壻，眠書雪案，立榜雲霄，自家行止用不盡，定要秋風老大人？〔外〕

【折桂令】你道證明師一軸春容。〔外〕春容分明是殉葬的。〔生〕可知道是蒼苔石縫，迸坼了雲蹤？〔外〕快招來。〔生〕我一謎的承供，供的是開棺見喜，攛煞逢凶。〔外〕壙中還有玉魚、金椀呵，兩口兒同匙受用；玉魚呵，和我九泉下比目和同。〔外〕還有哩。〔生〕玉碾的玲瓏，金鎖的叮玲。〔外〕都是那道姑。〔生〕則那石姑姑他識趣挈奸縱，欲不似你還強嘴！搜他裏袱裏，定有假雕書印，併贓拿賊。〔丑開袱介〕破布單一條，畫觀音一幅。〔外看畫驚介〕呀，見畫便是我女孩兒春容。你可到南安，認的石道姑麼？〔生〕認的。〔外〕天眼恢恢，原來劫墳賊便是你。〔生〕左右采下打？〔外〕誰敢打？〔外〕認的箇陳教授麼？〔生〕認的。

【江兒水】眼腦兒天生賊，心機便的兇。〔外〕還不畫花？〔生〕誰慣來。〔外〕你紙筆硯墨則好招詳用。〔生〕生員又不犯奸盜。〔外〕你奸盜詐偽機謀中。〔生〕因令愛之故。〔外〕你精奇古怪虛頭弄。〔生〕令愛現在。〔外〕現在麼，把他玉骨拋殘心痛。拋在那裏？〔外〕後苑池中，月冷斷魂波動。〔生〕誰見來？〔外〕陳教授來報知。〔生〕生員為小姐費心，除了天知地知，陳最良那得知！

【雁兒落】我為他禮春容、叫的兇，我為他展幽期、耽怕恐，我為他點神香、開墓封，我為他唾靈丹、活心孔，我為他慇懃的體酥融，我為他洗發的神清瑩，我為他度情腸、款款通，我為他啓玉肱、輕輕送，我為他輕溫香、把陽氣攻，我為他搶性命、把陰程進。神通，醫的他女孩兒能活動。通也麼通，到如今風月兩無功。〔外〕這賊都說的是甚麼話？著鬼了。左右，取桃條打他，長流水噴他。〔丑取桃條上〕「要的門無鬼，先教園有桃。」桃條在此。〔外〕高吊起打。〔眾吊起生，作打介〕〔生叫痛轉動，衆譚、打鬼介，

牡丹亭

第五十二出

第五十三出

四五

中国古典四大名剧

第五十三齣（硬拷）

〔噴水介〕〔淨扮郭駝拐杖同老旦、貼扮軍校持金瓜上〕「天上人間忙不忙？開科失卻狀元郎。」一向找尋柳夢梅，今日再尋不見，打老駝。〔淨〕難道要老駝賠？買酒你喫，叫去罷。〔叫介〕狀元柳夢梅那裏？〔外聽介〕〔眾叫下〕〔外問丑介〕〔丑〕不見了新科狀元，聖旨著沿街尋叫。〔生〕大哥，開榜哩。狀元誰？〔外惱介〕這賊閒管，掌嘴，掌嘴。〔丑掌生嘴介〕〔生叫冤屈介〕〔老旦、貼、淨依前上〕「但聞丞相府，不見狀元郎。」咦，平章府打喧鬧哩。〔聽介〕〔淨〕裏面聲息，像有俺家相公哩！

〔眾進介〕〔淨向前見哭介〕吊起的是我家相公也！〔生〕列位救我。〔淨〕誰打相公來？〔生〕是這平章。〔淨將拐杖打外介〕拚老命打這平章。〔外惱介〕誰敢無禮？〔老旦、貼〕駕上的，來尋狀元柳夢梅。〔生〕大哥，柳夢梅便是小生。〔淨向前解生，外扯淨跌介〕〔生〕你是老駝，因何至此？〔淨〕俺一徑來尋相公，喜的中了狀元。〔生〕真箇的！快向錢塘門外報與杜小姐知道。〔老旦、貼〕找著了狀元，俺們也報知黃門官奏去。「未去朝天子，先來激相公。」〔下〕〔外〕一路的光棍去了。正好拷問這廝，左右再與俺吊將起。〔生、貼〕〔叫苦介〕可憐，可憐！是斯文倒喫盡斯文痛，無情棒打多情種。〔生〕他是我丈人。〔外〕什麼丈人，扯了他！

【僥僥犯】〔淨扮苗舜賓引老旦、貼扮堂候官，捧冠袍帶上〕〔淨〕則他是御筆親標第一紅，柳夢梅爲梁棟。告過老公相，軍校快請狀元下吊。〔丑放，生叫疼煞介〕〔淨〕踏破草鞋無覓處，得來全不費工夫。門生一救。〔淨笑介〕你高擡起文章鉅公，打桃條受用。〔外〕凡爲狀元者，有登科錄爲證。你有何據？〔淨〕是晚生本房取中的。老公相得來全不費工夫。〔外〕原來是倚太山壓卵欺鸞鳳。〔老旦〕狀元懸梁、刺股，一領官袍。〔外〕什麼官袍，扯了他！

【收江南】〔外扯住冠服介〕〔生〕呀，你敢抗皇宣罵敕封，早裂綻我御袍紅。似人家女婿呵，拜門也似乘龍。偏我帽光光走空，你桃天天煞風。〔老旦替生冠服插花介〕〔生〕老平章，好看我插宮花帽壓君恩重。〔外〕柳夢梅怕不是他。果是他，便童生應試，也要候案。怎生殿試了，不候榜開，來淮揚胡撞？〔生〕老平章是不知。爲因李全兵亂，放榜稽遲。令愛聞得老平章有兵寇之事，著我一來上門，二來報他再生之喜，三來扶助你爲官。好意成惡意，今日可是你女婿了？〔外〕誰認你女婿來！

【園林好】〔淨衆〕嗔怪你會平章的老相公，不刮目破窯中呂蒙。忑做作、前輩們性重。〔笑介〕敢折倒你丈人峯？〔外〕悔不將劫墳賊監候奏請爲是。桃條的相公懂。〔下〕

〔外吊場〕異哉，異哉！還是賊，還是鬼？堂候官，去請那新黃門陳老爺到來商議。〔丑〕知道了。〔謁者有如鬼，狀元還似人。」〔下〕

〔末扮陳黃門上〕「官運精神老不眠，早朝三下聽鳴鞭。多沾聖主隨朝米，不受村童學俸錢。」自家陳最良。因奏捷，聖恩可憐，欽授黃門。此皆杜老相公擡舉之恩，敬此趣謝。〔丑上見介〕正來相請，少待通報。〔進報見介〕〔外笑介〕可喜，可喜！「昔爲陳白屋，今作老黃門。」〔末〕「新恩無報效，舊恨有還魂。」適間老先生三喜臨門：一喜官居宰輔，二喜小姐活在人間，三喜女婿中了狀元。〔外〕陳先生教的好女學生，成精作怪哩！〔末〕老相公葫蘆提認了罷。〔外〕先生差矣！此乃妖孽之事。爲大臣的，必須奏聞滅除爲是。〔末〕果有此意，容晚生登時奏上取旨何如？〔外〕正合吾意。

〔外〕夜讀滄州怪亦聽，　陸龜蒙
〔末〕可關妖氣暗文星。　司空圖
〔外〕誰人斷得人間事？　白居易
〔末〕神鏡高懸照百靈。

第五十四齣　聞喜

殷文圭

【遠地遊】〔貼上〕露寒清怯，金井吹梧葉，轉不斷轆轤情劫。咳，俺小姐爲夢見書生，感病而亡，已經三年。老爺與老夫人，時時痛他孤魂無靠。誰知小姐到活活的跟著箇窮秀才，寄居錢塘江上。真乃天上人間，怪怪奇奇，何事不有！今日小姐分付安排繡林，溫習鍼指。小姐早來到也。

【遶紅樓】〔旦上〕〔旦〕秋過了平分日易斜，恨辭梁燕語周遮。人去空江，身依客舍，無計七香車。「秋風吹冷破窗紗，夫婿揚州不到家。玉指淚彈江北草，金鍼閒刺嶺南花。」

【北尾】你險把司天臺失陷了文星空，把一箇有對付的玉潔冰清烈火烘。咱想有今日呵，越顯的俺玩花柳的女郎能，則要你那升東轉東。呀，那時節纔提破了牡丹亭杜鵑殘夢。老平章請了，我女婿赴宴去也。

〔旦〕小姐，俺淡口兒閒咳，你和柳郎夢裏，陰司裏，兩下光景何如？〔貼〕小姐，俺淡口兒閒咳，你和柳郎夢裏，陰司裏，兩下光景何如？〔旦〕裁衣介〕裁下了，便待縫將起來。想柳郎刻下可到，料今番榜上高題。且喜老萱堂不意而逢，則老相公未幷下落。須先霸下羅衣，襯其光彩。〔貼〕繡林停當，請自尊裁。

牡丹亭

第五十四齣
第五十三齣

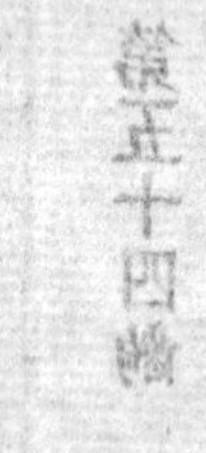

四六

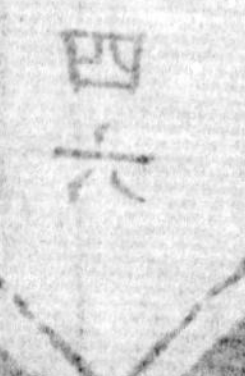

中國古典四大名劇

則問你會書齋燈怎遮？送情杯酒怎睐？取喜時，也要那破頭梢一泡血。〔旦〕蠢丫頭，幽歡之時，問他甚！呀，奶奶來的恁忙也！

【羅江怨】〔旦〕春園夢一些，到陰司裏有轉折。猛回頭放教跌。〔貼〕陰司可也有好耍子處？〔旦〕一般兒輪迴路，駕香車，愛河邊題紅葉。便則到鬼門逐夜的望秋月。〔貼〕還則到鬼門關逐夜的望秋月。〔旦〕似夢重醒。

【前腔】你風姿惹邪，情腸害劣。小姐，你香魂逗出了夢兒蝶，不道燕家荒斜，再立起鴛鴦舍。〔旦〕蠢丫頭，彼此如夢，問他甚！呀，奶奶來的恁忙也！

【玩仙燈】〔老旦慌上〕人語鬧吱遮，聽風聲，似是女孩兒關節。兒，聽見外廂喧嚷，新科狀元是嶺南柳夢梅。〔旦〕有這等事！

【前腔】〔淨忙走上〕旗影兒走龍蛇，甚宣差，教來近者！〔老旦〕奶奶，小姐，俺看門去也！〔下〕

【入賺】〔外、丑扮軍校持黃旗上〕深巷門斜，抓不出狀元門第也。〔見介〕這是了。〔敲門介〕把門兒偷瞥。〔老旦〕那衙門來的？〔校〕星飛不送。你看這旗，看這旗影兒頭勢別。是黃門官把聖旨教傳洩。〔老旦〕叫〔介〕兒，原來是傳聖旨的。〔旦上〕鬥膽相詢，金榜何時揭？可有柳夢梅名字高頭列？〔校〕他中了狀元。〔旦〕真箇中了狀元？〔校〕則他中狀元，急節裏遭磨滅。〔旦驚介〕是怎生？〔校〕往淮揚觸犯了杜參爺，扭回京把他做細抽掣，被官裏人搶去遊街歇。〔老旦〕我兒，謝天謝地，老爺平安回京了。他那知世間有此重生之事。〔旦〕這卻怎了？〔校〕正高吊起猛桃條細抽掣，被官裏人搶去遊街決。〔旦〕娘，爹爹高陞，柳郎高中。小旗兒章奏他的故人。奏准，要平章、狀元和小姐三人，駕前勘對，方取聖裁。〔老旦〕呀，陳黃門是誰？〔校〕是陳最良，他說南安平章爺他惡茶白賴把陰人竊。那狀元呵，動本了，他說頭帶魁罡不受邪。便是萬歲爺聽了成癡呆。〔老旦〕後來？〔校〕繞倖有箇陳黃門，是教授曾官舍。因此杜平章擡舉他掌朝班，通御謁。〔老旦〕一發詫異哩。〔校〕便是他著俺們來宣旨。〔校〕分付你家一更梳洗，二鼓喫飯，三鼓穿衣，四更走動。到得五更三點徹，響玎璫翠佩，那是朝時節。〔旦〕獨自箇怕人。〔校〕怕則麼！平章宰相你親爺。狀元妻妾，俺去了。〔旦〕再說些去。〔校〕明朝金闕，討你幅撞門紅去了也。〔下〕〔旦〕娘，爹爹高陞，柳郎高中。小旗兒報捷，又是平安帖。把神天叩謝，神天叩謝。

【滴溜子】〔拜介〕當日的，當日的梅根柳葉，無明路、無明路曾把遊魂再疊。果應夢、花園後摺。甫能勾進到頭，搶了捷。鬼趣裏因緣，人間判貼。

【前腔】〔老旦〕雖則是、雖則是希奇事業，可甚的、可甚的驚勞駕帖？他道你、是花妖害怯，看承的柳抱懷做花下劫。你那爹爹呵，沒得箇符兒再把花神召攝。

【尾聲】女兒，緊簪束揚塵舞蹈搖花頰。〔旦〕叫我奏箇甚麼來？〔老旦〕有了你活人硬證無虛脅。〔旦〕少不的萬歲君王聽臣妾。〔淨扮郭駝上〕「要問黿鼉窟，還過烏鵲橋。」兩日再尋箇錢塘門不著。正好撞著老軍，說知夫人下處。抖擻了進去。〔見介〕〔老旦〕你是誰？〔淨〕狀元家裏的老駝，特來恭喜。〔旦〕辛苦，你可見狀元麼？〔淨〕俺往平章府搶下了狀元，要夫人去見朝也。

〔老旦〕往事閒徵夢欲分，　韓渥　〔旦〕今晨忽見下天門。　張籍　〔淨〕分明爲報精靈輩，　僧貫休　〔旦〕淡掃蛾眉朝至尊。　張祜

第五十五齣　圓駕

〔淨、丑扮將軍持金瓜上〕「日月光天德，山河壯帝居。」萬歲爺升朝，在此直殿。

【北點絳唇】〔末上〕寶殿雲開，御鑪煙靄，乾坤泰。〔回身拜介〕日影金階，早唱道黃門拜。〔集唐〕「鸞鳳旌旗拂曉陳　韋元旦，傳聞闕下降絲綸　劉長卿。　興王會淨妖氛氣　杜甫，不問蒼生問鬼神　李商隱。」自家大宋朝新除授一箇老黃門陳最良是也。下官原是南安府飽學秀才。因柳夢梅發了杜平章小姐之墓，徑往揚州報知。平章念舊，著俺說平李寇，告捷效勞，蒙聖恩欽賜黃門奏事之職。不想平章回朝，恰遇柳生投見。當時拿下，遞解臨安府監候。卻說柳生先曾攧過卷子，中了狀元。找尋之間，恰好狀元吊在杜府拷問。當被駕前官校人等衝破府門，搶了狀元，上馬而去，到也罷了。又聽的說俺那女學生杜小姐也返魂在京。平章聽說女兒成了箇色精，一發惱激。央俺題奏一本，爲誅除妖賊事。中間劾奏柳夢梅係劫墳之賊，其妖魂託名亡女，不可不誅。杜老先生此奏，卻是名正言順。隨後柳生也奏一本，爲辨明心跡事。都奉有聖旨：「朕覽所奏，幽隱奇特。必須返魂之女，面駕敷陳，取旨定奪。」老夫又恐怕真是杜小姐返魂，私著官校傳旨與他。五更朝見。正是：「三生石上看來去，萬歲臺前辨假真。」道猶未了，平章、狀元早到。

共民亭

第五十五回
第五十四回

四十

中國古典四大名著

牡丹亭

第五十五齣　第五十五齣

【前腔】【外、生幞頭、袍、笏同上介】【外】有恨妝排，無明耽帶，真奇怪。【生】啞謎難猜，今上親裁劃。岳丈大人拜揖。【外】誰是你岳丈！【生】平章老先生拜揖。【外】誰和你平章？【生笑介】古詩云：「梅雪爭春未肯降，騷人閣筆費平章。」今日夢梅爭辯之時，少不的要老平章閣筆。【外】你罪人咬文哩。【生】小生何罪？老平章是罪人。【外】俺有平李全大功，當得何罪？【生】朝廷不知，你那裏平的箇李全，則平的箇「李半」。【外】怎生止平的箇「李半」？【生笑介】你則哄的箇楊媽媽退兵，怎哄的全！【外惱作扯生介】誰說？和你官裏講去。【末作慌出見介】午門之外，誰敢諠譁！【見介】原來是杜老先生。這是新狀元。放手，放手。【外放生介】【末】狀元何事激惱了老平章？【外】他罵俺罪人，俺得何罪？【生】你說無罪，便是處分令愛一事，也有三大罪。【外】那三罪？【生】太守縱女遊春，一罪。【外】是了。【生】女死不奔喪，私建庵觀，二罪。【外】罷了。【生】嫌貧逐婿，刁打欽賜狀元，可不三大罪？【末笑介】狀元以前也罪過些。看下官面分，和了罷。【生】黃門大人，與學生有何面分？【末笑介】狀元不知，尊夫人請俺上學來。【生】敢是鬼請先生？【末】狀元忘舊了。【生認介】老黃門可是南安陳齋長？【末】惶恐，惶恐。【生】呀，先生，俺於你分上不薄，如何妄報俺為賊？做門館報事不真；則怕做了黃門，也奏事不以實。【末笑】今日奏事實了。遠望尊夫人將到，二公先行叩頭禮，【內唱禮介】奏事官齊班。【外、生同進叩頭介】【外】臣杜寶見。【生】臣柳夢梅見。【末】平身。【外、生立左右介】【旦上】「麗娘本是泉下女，重瞻天日向丹墀。」

【黃鍾北醉花陰】平鋪著金殿琉璃翠鴛瓦，響鳴梢半天兒刮剌。【淨、丑喝介】甚的婦人衝上御階？拿了！【旦驚介】似這般猙獰漢，叫喳喳。在閣浮殿見了些青面獠牙，也不似今番怕。【末】前面來的是女學生杜小姐麼？【旦】來的黃門官像陳教授，叫他一聲…「陳師父，陳師父！」【末應介】是也。【旦】陳師父喜哩！【末】學生，你做鬼，怕不驚駕？【旦】禁聲。再休提探花鬼喬作衙，則說狀元妻來面駕。【淨、丑下】【內】奏事人揚塵舞蹈。【旦作舞蹈、呼「萬歲，萬歲」介】【內】平身。【旦起】【內】聽旨：杜麗娘是真是假，放著伊父杜寶，狀元柳夢梅，出班識認。【生覷旦作悲介】俺的麗娘妻也。【外覷旦，作惱介】鬼乜些真箇一模二樣，大膽，大膽！【作回身跪奏介】臣杜寶謹奏：臣女亡已三年，此女酷似，此必花妖狐媚，假託而成。俺王聽啓：

【南畫眉序】臣女沒年多，道理陰陽豈重活？願吾皇向金階一打，立見妖魔。【生作泣】好狠心的父親！【跪奏介】他做五雷般嚴父的規模，則待要一下裏把聲名煞抹。【起介】【合】便閻羅包老難彈破，除取旨前來撒和。【內】聽旨：朕聞人行有影，鬼形怕鏡。定時臺上有秦朝照膽鏡。黃門官，可同杜麗娘照鏡。看花陰之下，有無蹤影回奏。【末應，同旦對鏡介】女學生是人是鬼？

【北喜遷鶯】【旦】人和鬼教怎生酬答？形和影現託著面菱花。【末】鏡無改面，委係人身。再向花街取影而奏。【行看影介】【旦】波查。花陰這答，一般兒蓮步迴鸞印淺沙。【末奏】杜麗娘有蹤有影，的係人身。【內】聽旨：麗娘既係人身，可將前亡後化事情奏上。【旦】萬歲！臣妾二八年華，自畫春容一幅。曾於柳外梅邊，夢見這生。妾因感病而亡。葬於後園梅樹之下。後來果有這生，姓柳名夢梅，拾取春容，朝夕挂念。因何預名夢梅？臣妾因此出現成親。【悲介】哎喲，悽惶煞！這底是前亡後化，抵多少陰錯陽差。【內】聽旨：柳狀元質證，麗娘所言真假？因何預名夢梅？【生打躬呼「萬歲」介】

【南畫眉序】臣南海泛絲蘿，夢向嬌姿折梅萼。果登程取試，養病南柯。因借居南安府紅梅院中，遊其後苑，拾得麗娘春容。因而感此真魂，成其人道。【外跪介】此人欺誑陛下，兼且點污臣之女也。論臣女呵，便死葬向水口廉貞，肯和生人做山頭撮合！【合】便閻羅包老難彈破，除取旨前來撒和。【內】聽旨：「不待父母之命，媒妁之言，則國人父母皆賤之。」杜麗娘自媒自婚，有何主見？【旦泣介】萬歲！臣妾受了柳夢梅再活之恩。

【北出隊子】真乃是無媒而嫁。【外】誰保親？【旦】保親的是母喪門。【外】送親的？【旦】送親的是女夜叉。【生】這是陰陽配合正理。【外】正理，正理！花你那蠻兒一點紅嘴哩！【生】老平章，你罵俺嶺南人喫檳榔，其實柳夢梅唇紅齒白。【生】眼前活立著箇女孩兒，親爺不認。到做鬼三年，有箇柳夢梅認親。則你這辣生生回陽附子較爭些，爲什麽翠呆呆下氣的檳榔俊煞了他？爹爹，你不認呵，有娘在。【指鬼門】現放著實丕丕貝母開談親阿媽。【老旦上】多早晚女兒還在面駕。老身端入正陽門叫冤去也。【進見跪伏介】萬歲爺，杜平章妻一品夫人甄氏見駕。【外、末驚介】那裏來的？真箇是俺夫人哩。是不曾認的他。【內】聽旨：甄氏既死揚州亂賊之手，臣已奏請恩旨褒封。此必妖鬼捏作母子一路，白日欺天。【老旦】

【南滴溜子】【老旦】揚州路、揚州路遭兵劫奪，只得向、只得向長安住託。【老旦】萬歲！【起介】子母肝腸，死同生活。【內】聽甄氏所奏，其女重生無疑。則他陰司三載，多有因果之事。有的發付他？從直奏來。【旦】這話不題罷了。【末】女學生，「子不語怪」。比如陽世府部州縣，尚然磨刷卷宗，

牡丹亭

第五十五齣

第五十齣

四八

中国古典四大名剧

牡丹亭

第五十五齣

他那裏還有甚會案處！

【北刮地風】〔旦〕呀，那陰司一樁樁文簿查，使不著你猾律拿喳。是君王有半副迎魂駕，臣和宰玉鎖金枷。〔末〕女學生，沒對證。似這般說，秦檜老太師在陰司裏可受的？〔旦〕也知道些。說他的受用呵，那秦太師他一進門，忒楞楞的黑心鎚敢搗了千下，浙另另的紫筋肝剁作三花。〔衆驚介〕爲甚剁作三花？〔旦〕道他一花兒爲大宋，一花爲金朝，一花兒爲長舌妻。〔末〕這等長舌夫人有何受用？〔旦〕若說秦夫人的受用，一到了陰司，拷去了鳳冠霞帔，赤體精光。跳出箇牛頭夜叉，只一對七八寸長指彊兒，輕輕的把那撒道兒搭，長舌撦。〔末〕爲甚？〔旦〕聽的是東窗事發。

〔外〕鬼話也。且問你，鬼乜邪，人間私奔，自有條法。〔旦〕有的是。柳夢梅七十條，爹爹發落過了，女兒陰司收贖。〔外〕怎怎，桃條打，罪名加，做著黃門官勾管了簾下。則道則認的十地閻君爲岳丈。〔末〕狀元，聽俺分勸一言。

父子夫妻相認，歸第成親。〔外〕有的是。〔旦〕官人恭喜，賀喜。〔生〕誰報你來？〔旦〕到得陳師父傳旨來。〔生〕受你老子的氣也。

〔外〕怎想夫人無恙！〔旦哭介〕我的爹呵！〔外〕怎想夫人無恙！〔末笑介〕陳師父，你不俺是箇賊犯。〔衆呼「萬歲」行介〕〔老旦〕恭喜相公高轉了。

〔旦〕今日見了狀元女壻，女兒再生，二十分喜也。〔外〕陳先生，如今連柳夢梅俺也疑將起來，則怕也是箇鬼。〔生揖介〕則怕你丈母光臨，做女壻的有失迎待，罪之重也。

〔不理介〕青天白日，小鬼頭，遠些。〔外〕青天白日，小鬼頭，遠些、遠些。教俺後花園遊去，怎看上這攀桂客來？〔外〕鬼乜邪，怕沒門當戶對，看上柳夢梅什麼來！

【南滴滴金】你夫妻趕著了輪迴磨，便君王使的箇隨風柁，那平章怕不做賠錢貨。到不如娘共女，翁和壻，明交割。

【北四門子】〔旦笑介〕是看上他戴鳥紗象簡朝衣挂，笑、笑、笑的來眼媚花。爹娘，人間白日裏高結綵樓，招不出箇官壻。你女兒睡夢裏，鬼窟裏選著箇狀元郎，還說門當戶對！則你箇杜陵杜麗娘慣把女孩兒嚇，那柳柳州他可也門戶風華，不爭多先偷了地窟裏花枝朵。

前生的爹，即世回去認你。〔旦〕叫俺回杜家，赶了柳衙。便作你杜孩兒，也叫不轉子規紅淚灑。離異了柳夢梅，回去認你。〔旦作悶倒介〕〔外驚介〕俺的麗娘兒！〔末作望介〕怎那老道姑也活在？連春香也活在？

好笑，好笑！我在賊營裏瞧甚來？

【南鮑老催】〔淨扮石姑同貼上〕官前定奪，官前定奪。〔打望介〕原來一衆官員此。怎的起狀元、小姐嘴骨都站一邊？〔淨〕晬，陳教化，誰是賊？你報老夫人，誰是賊？〔貼〕你和小姐牡丹亭做夢時有俺在。〔生〕好活人活證。眼見他喬公案斷的錯，聽了那喬教學的嘴兒嗑。〔向生介〕柳相公喜也。〔末〕春香賢弟也來了。死哩，春香死哩！做的箇紙棺材，舌鍬撥。〔淨、貼〕鬼團圓不想到真和合，鬼揶揄不想做人生活。老相公，你便是鬼三台，費評跋。〔旦作笑勸生介〕柳郎，拜了丈人罷！〔生不伏介〕〔淨、貼並下〕〔末〕朝門之下，人欽鬼伏之所，誰敢不從！少不得小姐勸狀元認了平章，成其大事。

【北水仙子】〔旦〕呀呀呀，你好差。〔扯生手、按生肩介〕好好好，點著你玉帶腰身把玉手叉。〔生〕幾百箇桃條！〔旦〕拜、拜、拜，拜荊條曾下馬。〔扯外介〕〔旦〕扯、扯、扯，做泰山倒了架。〔指生介〕他、他、他，點黃錢聘了咱。〔指生介〕是是是，逗寒食喫了他茶。〔指末介〕你、你、你，待求官、報信則把口皮喳。〔指生介〕是是，是他開棺見槨湔除罷。〔指外介〕爹爹，你可也罵勾了咱這鬼乜邪。

〔丑扮韓子才冠帶捧詔上〕聖旨已到，跪聽宣讀。「據奏奇異，敕賜團圓。平章杜寶，進階一品。妻甄氏，封淮陰郡夫人。狀元柳夢梅，除授翰林院學士。妻杜麗娘，封陽和縣君。就著鴻臚官韓子才送歸宅院。」叩頭謝恩。〔五見介〕狀元恭喜了。〔生〕呀，是韓子才兄。何以得此？〔丑〕自別了尊兄，蒙本府起送先儒之後，到京考中鴻臚之職，故此得會。〔生〕一發奇異了。〔末〕原來韓老先也是舊朋友。〔行介〕

【南雙聲子】〔衆〕姻緣詫，姻緣詫，陰人夢黃泉下。福分大，福分大，周堂內是這朝門下。齊見駕，齊見駕，真喜洽，真喜洽。領陽間誥敕，去陰司銷假。

【北尾】〔生〕從今後把牡丹亭夢影雙描畫。〔旦〕虧殺你南枝挨暖俺北枝花。則普天下做鬼的有情誰似咱！

杜陵寒食草青青，　韋應物
羯鼓聲高衆樂停。　李商隱
更恨香魂不相遇，　鄭瓊羅
春腸遙斷牡丹亭。　白居易
千愁萬恨過花時，　僧无則
人去人來酒一卮。　元稹
唱盡新詞歡不見，　劉禹錫
數聲啼鳥上花枝。　韋莊

牡丹亭

第五十五齣

四六

中国古典四大名著